RAPHAEL'S ASTR

Ephemeris of the]

for 201

A Complete Aspectarian

Mean Obliquity of the Ecliptic, 2012, 23° 26′ 16″

INTRODUCTION

Greenwich Mean Time (G.M.T.) has been used as the basis for all tabulations and times. The tabular data are for Greenwich Mean Time 12h., except for the Moon tabulations headed 24h. All phenomena and aspect times are now in G.M.T. To obtain Local Mean Time of aspect, add the time equivalent of the longitude if East and subtract if West.

Both in the Aspectarian and the Phenomena the 24-hour clock replaces the old a.m./p.m. system.

The zodiacal sign entries are now incorporated in the Aspectarian as well as being given in a separate table.

BRITISH SUMMER TIME

British Summer Time begins on March 25 and ends on October 28. When *British Summer Time* (one hour in advance of G.M.T.) is used, subtract one hour from B.S.T. before entering this Ephemeris. These dates are believed to be correct at the time of printing.

foulsham
Capital Point, 33 Bath Road,
Slough, Berkshire, SL1 3UF, England

ISBN: 978-0-572-03628-7

Copyright © 2011 Strathearn Publishing Ltd

A CIP record for this book is available from the British Library

All rights reserved

The Copyright Act prohibits (subject to certain very limited exceptions) the making of copies of any copyright work or of a substantial part of such work, including the making of copies by photocopying or any similar process. Written permission to make a copy or copies must therefore normally be obtained from the publisher in advance. It is advisable also to consult the publisher if in any doubt as to the legality of any copying which is to be undertaken.

Printed in Great Britain

NEW MOON – Jan.23,07h.39m. (2°♒42′)

D M	D W	Sidereal Time	☉ Long.	☉ Dec.	☽ Long.	☽ Lat.	☽ Dec.	☽ Node	24h. ☽ Long.	24h. ☽ Dec.
		h m s	° ′ ″	° ′	° ′ ″	° ′	° ′	° ′	° ′ ″	° ′
1	Su	18 42 13	10 ♑ 28 05	23 S 01	13 ♈ 04 59	4 N35	9 N23	12 ♐ 57	19 ♈ 01 21	11 N25
2	M	18 46 09	11 29 14	22 56	24 56 34	3 58	13 21	12 54	0 ♉ 51 17	15 08
3	T	18 50 06	12 30 23	22 51	6 ♉ 46 06	3 11	16 46	12 51	12 41 38	18 15
4	W	18 54 02	13 31 31	22 45	18 38 27	2 15	19 32	12 47	24 37 07	20 37
5	Th	18 57 59	14 32 40	22 39	0 ♊ 38 07	1 13	21 28	12 44	6 ♊ 41 56	22 05
6	F	19 01 56	15 33 48	22 32	12 48 56	0 N07	22 27	12 41	18 59 30	22 32
7	S	19 05 52	16 34 56	22 24	25 13 54	1 S01	22 20	12 38	1 ♋ 32 20	21 52
8	Su	19 09 49	17 36 04	22 17	7 ♋ 54 57	2 07	21 06	12 35	14 21 47	20 03
9	M	19 13 45	18 37 12	22 09	20 52 50	3 07	18 44	12 31	27 27 59	17 09
10	T	19 17 42	19 38 19	22 00	4 ♌ 07 06	3 59	15 21	12 28	10 ♌ 49 57	13 20
11	W	19 21 38	20 39 26	21 51	17 36 16	4 39	11 08	12 25	24 25 44	8 46
12	Th	19 25 35	21 40 33	21 42	1 ♍ 18 01	5 03	6 17	12 22	8 ♍ 12 46	3 N43
13	F	19 29 31	22 41 40	21 32	15 09 39	5 10	1 N05	12 19	22 08 20	1 S35
14	S	19 33 28	23 42 47	21 21	29 08 30	4 59	4 S14	12 16	6 ♎ 09 53	6 50
15	Su	19 37 25	24 43 53	21 11	13 ♎ 12 15	4 30	9 21	12 12	20 15 21	11 45
16	M	19 41 21	25 45 00	21 00	27 19 00	3 44	14 00	12 09	4 ♏ 23 03	16 03
17	T	19 45 18	26 46 06	20 48	11 ♏ 27 18	2 45	17 53	12 06	18 31 37	19 26
18	W	19 49 14	27 47 12	20 36	25 35 48	1 35	20 42	12 03	2 ♐ 39 39	21 39
19	Th	19 53 11	28 48 18	20 24	9 ♐ 42 56	0 S21	22 15	12 00	16 45 22	22 29
20	F	19 57 07	29 ♑ 49 24	20 11	23 46 38	0 N55	22 22	11 57	0 ♑ 46 23	21 54
21	S	20 01 04	0 ♒ 50 29	19 58	7 ♑ 44 13	2 07	21 06	11 53	14 39 44	19 59
22	Su	20 05 00	1 51 34	19 45	21 32 31	3 10	18 35	11 50	28 22 08	16 56
23	M	20 08 57	2 52 38	19 31	5 ♒ 08 12	4 02	15 04	11 47	11 ♒ 50 22	13 02
24	T	20 12 54	3 53 42	19 17	18 28 20	4 39	10 52	11 44	25 01 53	8 36
25	W	20 16 50	4 54 44	19 02	1 ♓ 30 53	5 00	6 15	11 41	7 ♓ 55 16	3 S53
26	Th	20 20 47	5 55 45	18 47	14 15 05	5 06	1 S29	11 37	20 30 29	0 N53
27	F	20 24 43	6 56 46	18 32	26 41 41	4 57	3 N14	11 34	2 ♈ 49 00	5 31
28	S	20 28 40	7 57 45	18 17	8 ♈ 52 50	4 35	7 44	11 31	14 53 39	9 51
29	Su	20 32 36	8 58 43	18 01	20 51 58	4 01	11 51	11 28	26 48 21	13 45
30	M	20 36 33	9 59 41	17 44	2 ♉ 43 26	3 16	15 29	11 25	8 ♉ 37 52	17 04
31	T	20 40 29	11 ♒ 00 36	17 S 28	14 ♉ 32 18	2 N24	18 N29	11 ♐ 22	20 ♉ 27 26	19 N43

D M	Mercury Lat.	Mercury Dec.	Mercury Dec.	Venus Lat.	Venus Dec.	Venus Dec.	Mars Lat.	Mars Dec.	Mars Dec.	Jupiter Lat.	Jupiter Dec.
	° ′	° ′	° ′	° ′	° ′	° ′	° ′	° ′	° ′	° ′	° ′
1	0 N51	22 S 15	22 S 29	1 S 50	18 S 15	17 S 53	2 N 57	6 N35	6 N 31	1 S 14	10 N29
3	0 35	22 41	22 53	1 49	17 30	17 07	3 01	6 27	6 24	1 13	10 30
5	0 19	23 04	23 14	1 47	16 43	16 19	3 04	6 20	6 17	1 12	10 32
7	0 N03	23 23	23 31	1 45	15 54	15 29	3 07	6 14	6 12	1 12	10 34
9	0 S12	23 38	23 43	1 43	15 04	14 38	3 11	6 09	6 07	1 11	10 37
11	0 26	23 48	23 51	1 41	14 12	13 46	3 14	6 05	6 03	1 11	10 40
13	0 40	23 53	23 54	1 38	13 19	12 52	3 18	6 02	6 01	1 10	10 43
15	0 53	23 53	23 51	1 35	12 24	11 56	3 21	6 00	5 59	1 09	10 46
17	1 05	23 48	23 44	1 31	11 28	11 00	3 25	5 59	5 59	1 09	10 50
19	1 16	23 38	23 31	1 27	10 31	10 02	3 28	5 59	5 59	1 08	10 53
21	1 27	23 23	23 13	1 23	9 33	9 04	3 32	6 00	6 01	1 08	10 58
23	1 36	23 02	22 49	1 18	8 34	8 04	3 35	6 02	6 04	1 07	11 02
25	1 44	22 35	22 19	1 13	7 34	7 04	3 39	6 06	6 08	1 06	11 06
27	1 51	22 03	21 44	1 08	6 34	6 03	3 42	6 10	6 13	1 06	11 11
29	1 56	21 24	21 S 03	1 02	5 32	5 S 01	3 46	6 16	6 N 20	1 05	11 16
31	2 S 01	20 S 40		0 S 56	4 S 31		3 N 49	6 N23		1 S 05	11 N21

FIRST QUARTER – Jan. 1,06h.15m. (10°♈13′) & Jan.31,04h.10m. (10°♉41′)

FULL MOON–Jan. 9,07h.30m. (18°♋26′)

D M	☿ Long.	♀ Long.	♂ Long.	♃ Long.	♄ Long.	♅ Long.	♆ Long.	♇ Long.	Lunar Aspects ☉	☿	♀	♂	♃	♄	♅	♆	♇
	° ′	° ′	° ′	° ′	° ′	° ′	° ′	° ′									
1	20♐30	14♒26	20♍14	0♉26	28♎19	0♈51	28♒54	7♑20	□		⚹					∠	□
2	21 52	15 40	20 28	0 28	28 23	0 52	28 56	7 23		△			☌	☍		⚹	
3	23 14	16 53	20 41	0 30	28 27	0 54	28 58	7 25		⚼		⚼			⚺		△
4	24 38	18 07	20 54	0 31	28 30	0 55	28 59	7 27	△		□	△			∠		⚼
5	26 02	19 20	21 07	0 34	28 33	0 56	29 01	7 29	⚼				⚺		⚹	□	
6	27 27	20 34	21 19	0 36	28 37	0 57	29 03	7 31					∠	⚼			
7	28♐53	21 47	21 30	0 38	28 40	0 59	29 05	7 33		☍	△	□	⚹	△	□	△	
8	0♑20	23 00	21 41	0 41	28 43	1 00	29 06	7 35			⚼					⚼	☍
9	1 47	24 14	21 51	0 44	28 46	1 02	29 08	7 38	☍			⚹					
10	3 15	25 27	22 00	0 47	28 49	1 03	29 10	7 40				∠	□	□	△		
11	4 43	26 40	22 09	0 50	28 52	1 05	29 12	7 42		⚼		⚺			⚼		⚼
12	6 12	27 53	22 18	0 54	28 55	1 07	29 14	7 44	⚼	△	☍		△	⚹		☍	△
13	7 42	29♒06	22 25	0 57	28 57	1 08	29 16	7 46					⚼	∠			
14	9 12	0♓19	22 33	1 01	29 00	1 10	29 18	7 48	△			☌		⚺	☍		
15	10 43	1 32	22 39	1 05	29 02	1 12	29 20	7 50		□	⚼					⚼	□
16	12 14	2 45	22 45	1 10	29 05	1 14	29 21	7 52	□		△	⚺	☍	☌		△	
17	13 46	3 57	22 50	1 14	29 07	1 15	29 23	7 54		⚹		∠			⚼		⚹
18	15 18	5 10	22 54	1 19	29 09	1 17	29 25	7 56	⚹	∠		⚹		⚺	△	□	∠
19	16 51	6 23	22 58	1 23	29 11	1 19	29 27	7 58	∠		□		⚼	∠			⚺
20	18 25	7 35	23 01	1 28	29 13	1 21	29 29	8 00	⚺	⚺		□		⚹		⚹	
21	19 59	8 48	23 03	1 34	29 15	1 23	29 32	8 02			⚹		△		□	∠	☌
22	21 33	10 00	23 05	1 39	29 17	1 25	29 34	8 04		☌	∠	△					
23	23 08	11 13	23 05	1 45	29 18	1 27	29 36	8 06	☌		⚺	⚼	□	□	⚹	⚺	⚺
24	24 44	12 25	23R 05	1 50	29 20	1 30	29 38	8 08							∠		∠
25	26 20	13 37	23 05	1 56	29 21	1 32	29 40	8 10	⚺	⚺			⚹	△	⚺	☌	
26	27 57	14 49	23 03	2 02	29 23	1 34	29 42	8 12		∠	☌		∠	⚼			⚹
27	29♑35	16 01	23 01	2 08	29 24	1 36	29 44	8 14	∠	⚹		☍	⚺		☌	⚺	
28	1♒13	17 13	22 58	2 15	29 25	1 39	29 46	8 16	⚹							∠	□
29	2 52	18 25	22 54	2 21	29 26	1 41	29 48	8 18			⚺						
30	4 31	19 37	22 50	2 28	29 27	1 43	29 51	8 20		□	∠	⚼	☌	☍	⚺	⚹	△
31	6♒11	20♓48	22♍44	2♉35	29♎28	1♈46	29♒53	8♑22	□						∠		

D M	Saturn Lat.	Saturn Dec.	Uranus Lat.	Uranus Dec.	Neptune Lat.	Neptune Dec.	Pluto Lat.	Pluto Dec.
	° ′	° ′	° ′	° ′	° ′	° ′	° ′	° ′
1	2N25	8S37	0S43	0S19	0S33	12S22	3N55	19S19
3	2 26	8 39	0 43	0 18	0 33	12 21	3 55	19 19
5	2 26	8 41	0 43	0 17	0 33	12 20	3 55	19 19
7	2 27	8 43	0 43	0 16	0 33	12 18	3 54	19 19
9	2 27	8 44	0 43	0 15	0 33	12 17	3 54	19 19
11	2 28	8 46	0 43	0 14	0 33	12 16	3 54	19 19
13	2 28	8 47	0 43	0 12	0 33	12 14	3 54	19 19
15	2 29	8 49	0 43	0 11	0 33	12 13	3 54	19 19
17	2 29	8 50	0 43	0 09	0 33	12 12	3 54	19 19
19	2 30	8 51	0 43	0 08	0 33	12 10	3 54	19 19
21	2 30	8 52	0 43	0 06	0 33	12 09	3 54	19 18
23	2 31	8 52	0 43	0 04	0 33	12 07	3 53	19 18
25	2 31	8 53	0 42	0 02	0 33	12 06	3 53	19 18
27	2 32	8 53	0 42	0S01	0 33	12 05	3 53	19 18
29	2 33	8 54	0 42	0N01	0 33	12 03	3 53	19 18
31	2N33	8S54	0S42	0N03	0S33	12S01	3N53	19S18

Mutual Aspects

1 ☉Q♄. ☿□♂. ♀±♂.
2 ♀∠♅.
4 ☉∠♆. ♀Q♃. ☉∥☿.
7 ☿⚹♄. ☿⚹♆. ♀∇♂.
8 ☿△♃. ☿□♅. ♀∠♇.
9 ☉Q♅. 10 ♀⊥♅.
11 ☉⊥♀.
13 ☉△♂. ☿☌♇. ♀△♄. ♀☌♆.
14 ☉⊥♆.
15 ☿Q♄. ♀⚹♃. ♀⚺♅. ♀∥♆.
17 ☿∠♆.
18 ♃⚺♅. ♀#♃.
19 ☉□♄.
20 ☉⚺♆. ♀⚹♇.
21 ☿Q♅.
22 ☉□♃. ☉⚹♅. ♀∥♄.
23 ☿△♂. ☿⊥♆.
24 ☉∥♇. ♂Stat.
26 ♀⚼♄.
27 ☿□♄. ☿⚺♆.
28 ☉⚼♂. ☉⚺♇. ☿⚹♅. ♀∠♃. ♀#♂.
29 ☿□♃. 30 ☿∠♀.
31 ♀Q♇.

LAST QUARTER–Jan.16,09h.08m. (25°♎38′)

NEW MOON – Feb.21,22h.35m. (2° ♓ 42′)

D M	D W	Sidereal Time	☉ Long.	☉ Dec.	☽ Long.	☽ Lat.	☽ Dec.	☽ Node	24h. ☽ Long.	24h. ☽ Dec.
		h m s	° ′ ″	° ′	° ′ ″	° ′	° ′	° ′	° ′ ″	°
1	W	20 44 26	12 ♒ 01 31	17 S 11	26 ♉ 23 56	1 N25	20 N43	11 ♐ 18	2 ♊ 22 30	21 N31
2	Th	20 48 22	13 02 25	16 54	8 ♊ 23 45	0 N22	22 04	11 15	14 28 21	22 21
3	F	20 52 19	14 03 17	16 37	20 36 51	0 S 44	22 23	11 12	26 49 46	22 08
4	S	20 56 16	15 04 08	16 19	3 ♋ 07 35	1 48	21 36	11 09	9 ♋ 30 37	20 47
5	Su	21 00 12	16 04 57	16 01	15 59 09	2 49	19 41	11 06	22 33 20	18 19
6	M	21 04 09	17 05 45	15 43	29 13 10	3 42	16 41	11 03	5 ♌ 58 33	14 49
7	T	21 08 05	18 06 32	15 24	12 ♌ 49 14	4 24	12 44	10 59	19 44 49	10 27
8	W	21 12 02	19 07 18	15 05	26 44 48	4 52	8 01	10 56	3 ♍ 48 36	5 27
9	Th	21 15 58	20 08 02	14 46	10 ♍ 55 31	5 02	2 N48	10 53	18 04 49	0 N06
10	F	21 19 55	21 08 45	14 27	25 15 44	4 54	2 S 37	10 50	2 ♎ 27 31	5 S 1
11	S	21 23 51	22 09 27	14 07	9 ♎ 39 30	4 27	7 55	10 47	16 51 02	10 2
12	Su	21 27 48	23 10 08	13 48	24 01 35	3 43	12 46	10 43	1 ♏ 10 41	14 56
13	M	21 31 45	24 10 48	13 28	8 ♏ 18 00	2 45	16 52	10 40	15 23 17	18 33
14	T	21 35 41	25 11 27	13 07	22 26 23	1 38	19 57	10 37	29 27 11	21 02
15	W	21 39 38	26 12 04	12 47	6 ♐ 25 40	0 S 25	21 48	10 34	13 ♐ 21 51	22 1
16	Th	21 43 34	27 12 41	12 26	20 15 43	0 N48	22 17	10 31	27 07 20	22 01
17	F	21 47 31	28 13 17	12 05	3 ♑ 56 41	1 57	21 25	10 28	10 ♑ 43 46	20 31
18	S	21 51 27	29 ♒ 13 51	11 44	17 28 32	2 59	19 20	10 24	24 10 55	17 53
19	Su	21 55 24	0 ♓ 14 24	11 23	0 ♒ 50 48	3 51	16 13	10 21	7 ♒ 28 03	14 21
20	M	21 59 20	1 14 55	11 02	14 02 32	4 29	12 19	10 18	20 34 03	10 1
21	T	22 03 17	2 15 25	10 40	27 02 27	4 52	7 55	10 15	3 ♓ 27 36	5 3
22	W	22 07 14	3 15 53	10 18	9 ♓ 49 22	5 00	3 S 15	10 12	16 07 42	0 S 5
23	Th	22 11 10	4 16 20	9 57	22 22 34	4 53	1 N28	10 08	28 34 00	3 N4
24	F	22 15 07	5 16 45	9 34	4 ♈ 42 07	4 33	6 03	10 05	10 ♈ 47 06	8 1
25	S	22 19 03	6 17 08	9 12	16 49 12	4 00	10 18	10 02	22 48 44	12 1
26	Su	22 23 00	7 17 29	8 50	28 46 05	3 18	14 07	9 59	4 ♉ 41 43	15 4
27	M	22 26 56	8 17 49	8 27	10 ♉ 36 08	2 27	17 19	9 56	16 29 55	18 4
28	T	22 30 53	9 18 06	8 05	22 23 39	1 29	19 48	9 53	28 18 00	20 4
29	W	22 34 49	10 ♓ 18 22	7 S 42	4 ♊ 13 39	0 N28	21 N27	9 ♐ 49	10 ♊ 11 16	21 N5

D M	Mercury Lat.	Mercury Dec.	Mercury Dec.	Venus Lat.	Venus Dec.	Venus Dec.	Mars Lat.	Mars Dec.	Mars Dec.	Jupiter Lat.	Jupiter Dec.
	° ′	° ′	° ′	° ′	° ′	° ′	° ′	° ′	° ′	° ′	°
1	2 S 02	20 S 16	19 S 51	0 S 53	3 S 59	3 S 28	3 N 50	6 N27	6 N 31	1 S 05	11 N2
3	2 05	19 23	18 55	0 47	2 57	2 26	3 54	6 36	6 40	1 04	11 2
5	2 05	18 25	17 53	0 40	1 54	1 23	3 57	6 45	6 51	1 03	11 3
7	2 04	17 20	16 46	0 33	0 S 52	0 S 20	3 59	6 56	7 02	1 03	11 4
9	2 01	16 10	15 32	0 26	0 N11	0 N43	4 02	7 08	7 15	1 02	11 4
11	1 56	14 53	14 13	0 18	1 14	1 46	4 04	7 21	7 28	1 02	11 5
13	1 48	13 31	12 49	0 11	2 17	2 48	4 07	7 35	7 42	1 01	11 5
15	1 39	12 04	11 19	0 S 03	3 19	3 51	4 08	7 50	7 57	1 01	12 0
17	1 27	10 32	9 44	0 N 06	4 22	4 53	4 10	8 05	8 13	1 00	12 1
19	1 12	8 56	8 06	0 14	5 24	5 55	4 11	8 21	8 30	1 00	12 1
21	0 55	7 16	6 25	0 23	6 25	6 56	4 12	8 38	8 47	1 00	12 2
23	0 35	5 34	4 42	0 32	7 26	7 56	4 13	8 55	9 04	0 59	12 3
25	0 S 13	3 51	3 00	0 41	8 27	8 56	4 13	9 13	9 21	0 59	12 4
27	0 N12	2 09	1 S 19	0 50	9 26	9 56	4 13	9 30	9 39	0 58	12 4
29	0 38	0 S 31	0 16	0 59	10 25	10 N54	4 12	9 48	9 N 57	0 58	12 5
31	1 N06	1 N01		1 N 09	11 N23		4 N 11	10 N05		0 S 57	13 N0

FULL MOON–Feb. 7,21h.54m. (18°♌32′)

D	☿	♀	♂	♃	♄	♅	♆	♇	Lunar Aspects									
M	Long.	Long.	Long.	Long.	Long.	Long.	Long.	Long.	☉	☿	♀	♂	♃	♄	♅	♆	♇
	° ′	° ′	° ′	° ′	° ′	° ′	° ′	° ′									
1	7♒52	22♓00	22♍38	2♉42	29♎29	1♈48	29♒55	8♑24			⚹	△			⚹	□	⚼
2	9 34	23 11	22R 31	2 49	29 29	1 51	29 57	8 26	△	△			⚺				
3	11 16	24 23	22 23	2 57	29 30	1 53	29♒59	8 27			□	□	∠	⚼			
4	12 59	25 34	22 15	3 04	29 30	1 56	0♓02	8 29	⚼	⚼			⚹	△	□	△	☍
5	14 42	26 45	22 05	3 12	29 30	1 58	0 04	8 31				⚹				⚼	
6	16 27	27 56	21 55	3 20	29 30	2 01	0 06	8 33			△		□	□	△		
7	18 12	29♓07	21 44	3 28	29 30	2 04	0 08	8 35	☍	☍	⚼	∠			⚼		
8	19 58	0♈18	21 33	3 36	29R 30	2 06	0 10	8 36				⚺	△	⚹		☍	⚼
9	21 45	1 28	21 20	3 44	29 30	2 09	0 13	8 38						∠			△
10	23 32	2 39	21 07	3 52	29 30	2 12	0 15	8 40				☌	⚼	⚺	☍		
11	25 20	3 49	20 53	4 01	29 30	2 15	0 17	8 41	⚼	⚼	☍					⚼	□
12	27 09	4 59	20 39	4 10	29 29	2 18	0 20	8 43	△	△		⚺		☌		△	
13	28♒58	6 09	20 23	4 18	29 29	2 20	0 22	8 45				∠	☍				⚹
14	0♓47	7 19	20 07	4 27	29 28	2 23	0 24	8 46	□		⚼	⚹			⚼		∠
15	2 38	8 29	19 50	4 36	29 27	2 26	0 26	8 48		□	△			⚺	△	□	⚺
16	4 28	9 39	19 33	4 46	29 26	2 29	0 29	8 49				□	⚼	∠			
17	6 19	10 49	19 15	4 55	29 25	2 32	0 31	8 51	⚹	⚹			△	⚹	□	⚹	☌
18	8 10	11 58	18 56	5 04	29 24	2 35	0 33	8 53	∠	∠	□	△				∠	
19	10 00	13 07	18 37	5 14	29 23	2 38	0 35	8 54	⚺			⚼	□	□	⚹	⚺	
20	11 51	14 16	18 17	5 24	29 22	2 41	0 38	8 55		⚺	⚹				∠		⚺
21	13 41	15 25	17 56	5 34	29 20	2 44	0 40	8 57	☌		∠			△	⚺	☌	∠
22	15 30	16 34	17 36	5 44	29 19	2 47	0 42	8 58					⚹	⚼			⚹
23	17 17	17 43	17 14	5 54	29 17	2 50	0 45	9 00		☌	⚺	☍	∠				
24	19 03	18 51	16 52	6 04	29 16	2 53	0 47	9 01	⚺				⚺		☌	⚺	□
25	20 47	19 59	16 30	6 14	29 14	2 56	0 49	9 03	∠	⚺	☌					∠	
26	22 29	21 07	16 08	6 25	29 12	3 00	0 51	9 04				⚼		☍	⚺	⚹	
27	24 08	22 15	15 45	6 35	29 10	3 03	0 54	9 05	⚹	∠		△	☌				△
28	25 43	23 23	15 22	6 46	29 08	3 06	0 56	9 06		⚹	⚺				∠		⚼
29	27♓14	24♈30	14♍58	6♉56	29♎06	3♈09	0♓58	9♑08			∠		⚺		⚹	□	

D	Saturn		Uranus		Neptune		Pluto	
M	Lat.	Dec.	Lat.	Dec.	Lat.	Dec.	Lat.	Dec.
	° ′	° ′	° ′	° ′	° ′	° ′	° ′	° ′
1	2N33	8S54	0S42	0N04	0S33	12S01	3N53	19S18
3	2 34	8 53	0 42	0 06	0 33	11 59	3 53	19 17
5	2 34	8 53	0 42	0 08	0 33	11 58	3 53	19 17
7	2 35	8 53	0 42	0 11	0 33	11 56	3 53	19 17
9	2 35	8 52	0 42	0 13	0 33	11 54	3 53	19 17
11	2 36	8 52	0 42	0 15	0 33	11 53	3 53	19 17
13	2 37	8 51	0 42	0 17	0 33	11 51	3 53	19 17
15	2 37	8 50	0 42	0 20	0 33	11 50	3 53	19 16
17	2 38	8 49	0 42	0 22	0 33	11 48	3 53	19 16
19	2 38	8 47	0 42	0 24	0 33	11 47	3 53	19 16
21	2 39	8 46	0 42	0 27	0 33	11 45	3 53	19 16
23	2 39	8 44	0 42	0 29	0 33	11 43	3 53	19 16
25	2 40	8 43	0 42	0 32	0 33	11 42	3 53	19 15
27	2 40	8 41	0 42	0 34	0 33	11 40	3 53	19 15
29	2 40	8 39	0 42	0 37	0 33	11 39	3 53	19 15
31	2N41	8S37	0S42	0N40	0S33	11S37	3N53	19S15

Mutual Aspects

1 ☿⚼♂. ☿⚺♇. ♀☍♂.
2 ♀±♄.
3 ☉⊥♇. ☿∥♇.
5 ☉±♂. ☿⊥♇. ♀⊥♃.
6 ☉∠♅. ☿±♂. ☿∠♅.
7 ☉☌☿. ♀∇♄. ♄ Stat.
8 ♀⚺♆. ♀#♅.
9 ☿∇♂. ☿Q♃. ♀∥♅.
10 ☉∇♂. ☿∠♇. ♀☌♅.
11 ☉Q♃. ♀⚺♃. ♃#♆.
12 ☿⊥♅.
13 ☉∠♇. ☿△♄. ♀⊥♆. ☉∥☿.
14 ☿☌♆.
15 ☉⊥♅. ☿⊥♀. ☿⚺♅. ♀□♇. ☿#♃.
☿∥♆.
16 ☿⚹♃. ♂⚼♃.
17 ☉#♃.
18 ☉△♄. ☿⚹♇. ☉∥♆.
19 ☉☌♆. ☿∥♄.
20 ☿#♂.
21 ☉⚺♅. ☿⚼♄. ♀∠♆.
22 ☿#♀. ♂#♄.
23 ☿☍♂. ♀∇♂.
24 ☿⚺♀.
25 ☉⚹♃. ☿∠♃. ☿Q♇. ☉#♂.
26 ☿±♄. ☉#♀. ☉∥♄. ♀#♄.
27 ♀±♂. ♀∥♂.
28 ☉⚹♇. 29 ☿#♅.

LAST QUARTER–Feb.14,17h.04m. (25°♏24′)

NEW MOON – Mar.22,14h.37m. (2°♈22′)

D M	D W	Sidereal Time h m s	☉ Long. ° ′ ″	☉ Dec. ° ′	☽ Long. ° ′ ″	☽ Lat. ° ′	☽ Dec. ° ′	☽ Node ° ′	24h. ☽ Long. ° ′ ″	24h. ☽ Dec. ° ′
1	Th	22 38 46	11 ♓ 18 35	7 S 19	16 ♊ 11 35	0 S 35	22 N08	9 ♐ 46	22 ♊ 15 17	22 N06
2	F	22 42 43	12 18 47	6 56	28 23 03	1 38	21 47	9 43	4 ♋ 35 33	21 13
3	S	22 46 39	13 18 56	6 33	10 ♋ 53 23	2 38	20 22	9 40	17 17 03	19 15
4	Su	22 50 36	14 19 04	6 10	23 47 02	3 32	17 52	9 37	0 ♌ 23 37	16 14
5	M	22 54 32	15 19 09	5 47	7 ♌ 07 00	4 15	14 22	9 34	13 57 13	12 17
6	T	22 58 29	16 19 12	5 24	20 54 07	4 46	10 00	9 30	27 57 22	7 34
7	W	23 02 25	17 19 13	5 01	5 ♍ 06 28	5 00	4 N59	9 27	12 ♍ 20 43	2 N18
8	Th	23 06 22	18 19 12	4 37	19 39 15	4 55	0 S 26	9 24	27 01 07	3 S 11
9	F	23 10 18	19 19 10	4 14	4 ♎ 25 16	4 31	5 54	9 21	11 ♎ 50 36	8 33
10	S	23 14 15	20 19 05	3 50	19 16 02	3 48	11 04	9 18	26 40 33	13 24
11	Su	23 18 12	21 18 59	3 27	4 ♏ 03 15	2 50	15 32	9 14	11 ♏ 23 19	17 25
12	M	23 22 08	22 18 51	3 03	18 40 07	1 41	19 00	9 11	25 53 11	20 16
13	T	23 26 05	23 18 42	2 39	3 ♐ 02 08	0 S 27	21 12	9 08	10 ♐ 06 48	21 48
14	W	23 30 01	24 18 30	2 16	17 07 06	0 N47	22 02	9 05	24 03 03	21 55
15	Th	23 33 58	25 18 18	1 52	0 ♑ 54 45	1 58	21 28	9 02	7 ♑ 42 20	20 43
16	F	23 37 54	26 18 03	1 28	14 26 00	3 00	19 40	8 59	21 05 57	18 22
17	S	23 41 51	27 17 47	1 04	27 42 22	3 51	16 50	8 55	4 ♒ 15 27	15 07
18	Su	23 45 47	28 17 29	0 41	10 ♒ 45 21	4 29	13 13	8 52	17 12 13	11 11
19	M	23 49 44	29 ♓ 17 09	0 S 17	23 36 10	4 53	9 02	8 49	29 57 18	6 48
20	T	23 53 41	0 ♈ 16 48	0 N07	6 ♓ 15 39	5 02	4 S 32	8 46	12 ♓ 31 19	2 S 13
21	W	23 57 37	1 16 24	0 30	18 44 18	4 57	0 N06	8 43	24 54 42	2 N24
22	Th	0 01 34	2 15 59	0 54	1 ♈ 02 33	4 37	4 39	8 40	7 ♈ 07 56	6 51
23	F	0 05 30	3 15 31	1 18	13 10 59	4 05	8 58	8 36	19 11 48	10 59
24	S	0 09 27	4 15 01	1 41	25 10 37	3 23	12 53	8 33	1 ♉ 07 39	14 39
25	Su	0 13 23	5 14 30	2 05	7 ♉ 03 11	2 31	16 15	8 30	12 57 32	17 41
26	M	0 17 20	6 13 56	2 28	18 51 07	1 34	18 56	8 27	24 44 21	19 59
27	T	0 21 16	7 13 20	2 52	0 ♊ 37 44	0 N32	20 48	8 24	6 ♊ 31 47	21 25
28	W	0 25 13	8 12 42	3 15	12 27 06	0 S 31	21 46	8 20	18 24 16	21 53
29	Th	0 29 10	9 12 01	3 39	24 23 56	1 34	21 45	8 17	0 ♋ 26 45	21 22
30	F	0 33 06	10 11 18	4 02	6 ♋ 33 23	2 33	20 43	8 14	12 44 31	19 49
31	S	0 37 03	11 ♈ 10 33	4 N25	19 ♋ 00 45	3 S 27	18 N40	8 ♐ 11	25 ♋ 22 44	17 N16

D M	Mercury Lat. ° ′	Mercury Dec. ° ′	Mercury Dec. ° ′	Venus Lat. ° ′	Venus Dec. ° ′	Venus Dec. ° ′	Mars Lat. ° ′	Mars Dec. ° ′	Mars Dec. ° ′	Jupiter Lat. ° ′	Jupiter Dec. ° ′
1	0 N52	0 N16	1 N 01	1 N 04	10 N54	11 N23	4 N 12	9 N57	10 N 05	0 S 58	12 N59
3	1 20	1 44	2 24	1 13	11 51	12 19	4 11	10 14	10 22	0 57	13 06
5	1 48	3 02	3 36	1 23	12 47	13 15	4 09	10 31	10 39	0 57	13 14
7	2 16	4 06	4 33	1 33	13 43	14 10	4 07	10 47	10 55	0 56	13 22
9	2 41	4 56	5 15	1 42	14 37	15 03	4 05	11 03	11 10	0 56	13 29
11	3 02	5 29	5 38	1 52	15 29	15 55	4 02	11 18	11 25	0 56	13 37
13	3 19	5 43	5 43	2 02	16 21	16 46	3 59	11 32	11 39	0 55	13 45
15	3 30	5 39	5 29	2 12	17 11	17 35	3 56	11 45	11 52	0 55	13 53
17	3 34	5 16	4 59	2 21	17 59	18 23	3 52	11 57	12 03	0 55	14 01
19	3 30	4 38	4 14	2 31	18 46	19 09	3 48	12 09	12 14	0 54	14 09
21	3 19	3 47	3 18	2 40	19 31	19 53	3 44	12 19	12 23	0 54	14 17
23	3 01	2 47	2 16	2 50	20 14	20 35	3 39	12 27	12 31	0 54	14 25
25	2 37	1 44	1 12	2 59	20 56	21 16	3 35	12 35	12 38	0 53	14 33
27	2 09	0 N41	0 N 11	3 08	21 36	21 55	3 30	12 41	12 44	0 53	14 42
29	1 38	0 S 17	0 44	3 17	22 14	22 N32	3 25	12 46	12 N 48	0 53	14 50
31	1 N07	1 S 08		3 N 26	22 N50		3 N 20	12 N50		0 S 52	14 N58

FIRST QUARTER – Mar. 1,01h.21m. (10°♊52′) & Mar.30,19h.41m. (10°♋30′)

FULL MOON–Mar. 8,09h.39m. (18°♍13′)

D M	☿ Long.	♀ Long.	♂ Long.	♃ Long.	♄ Long.	♅ Long.	♆ Long.	♇ Long.	☉	☿	♀	♂	♃	♄	♅	♆	♇
	° ′	° ′	° ′	° ′	° ′	° ′	° ′	° ′	Lunar Aspects								
1	28♓40	25♈38	14♍35	7♉07	29♎03	3♈12	1♓00	9♑09	□			□	∠	⚼			
2	0♈01	26 45	14R 11	7 18	29R 01	3 16	1 03	9 10		□	✶			△	□	△	
3	1 16	27 51	13 47	7 29	28 59	3 19	1 05	9 11	△			✶	✶			⚼	☍
4	2 25	28♈58	13 24	7 40	28 56	3 22	1 07	9 12	⚼		□	∠		□			
5	3 26	0♉04	13 00	7 52	28 53	3 26	1 09	9 14		△		⚺	□		△		
6	4 21	1 11	12 36	8 03	28 51	3 29	1 12	9 15		⚼					⚼		⚼
7	5 07	2 16	12 13	8 14	28 48	3 32	1 14	9 16			△	☌	△	✶		☍	△
8	5 45	3 22	11 49	8 26	28 45	3 35	1 16	9 17	☍		⚼		⚼	∠			
9	6 14	4 27	11 26	8 38	28 42	3 39	1 18	9 18		☍		⚺		⚺	☍		□
10	6 35	5 32	11 03	8 49	28 39	3 42	1 20	9 19				∠				⚼	
11	6 46	6 37	10 40	9 01	28 36	3 46	1 23	9 20	⚼		☍	✶	☍	☌		△	✶
12	6R 49	7 42	10 18	9 13	28 33	3 49	1 25	9 21	△	⚼					⚼		∠
13	6 43	8 46	9 56	9 25	28 29	3 52	1 27	9 21		△		□		⚺	△	□	⚺
14	6 29	9 50	9 34	9 37	28 26	3 56	1 29	9 22						∠			
15	6 07	10 54	9 12	9 49	28 23	3 59	1 31	9 23	□	□	⚼		⚼	✶	□	✶	
16	5 38	11 57	8 52	10 01	28 19	4 02	1 33	9 24			△	△	△			∠	☌
17	5 02	13 00	8 31	10 13	28 16	4 06	1 35	9 25	✶			⚼		□	✶	⚺	
18	4 20	14 03	8 11	10 26	28 12	4 09	1 38	9 25	∠	✶	□		□				⚺
19	3 34	15 05	7 52	10 38	28 08	4 13	1 40	9 26	⚺	∠				△	∠		∠
20	2 44	16 07	7 33	10 51	28 05	4 16	1 42	9 27		⚺		☍	✶		⚺	☌	✶
21	1 51	17 09	7 15	11 03	28 01	4 20	1 44	9 27			✶			⚼			
22	0 57	18 10	6 58	11 16	27 57	4 23	1 46	9 28	☌	☌	∠		∠		☌	⚺	
23	0♈03	19 11	6 41	11 28	27 53	4 26	1 48	9 29					⚺			∠	□
24	29♓10	20 12	6 25	11 41	27 49	4 30	1 50	9 29		⚺	⚺	⚼		☍			
25	28 19	21 12	6 09	11 54	27 45	4 33	1 52	9 30	⚺	∠		△	☌		⚺	✶	△
26	27 30	22 12	5 54	12 07	27 41	4 37	1 54	9 30	∠		☌				∠		⚼
27	26 46	23 11	5 40	12 20	27 37	4 40	1 56	9 31		✶		□			✶	□	
28	26 05	24 10	5 27	12 33	27 33	4 44	1 58	9 31	✶				⚺	⚼			
29	25 30	25 08	5 15	12 46	27 28	4 47	2 00	9 31		□	⚺		∠	△			
30	24 59	26 06	5 03	12 59	27 24	4 50	2 01	9 32	□		∠	✶			□	△	☍
31	24♓34	27♉03	4♍52	13♉12	27♎20	4♈54	2♓03	9♑32		△		∠	✶			⚼	

D M	Saturn Lat.	Saturn Dec.	Uranus Lat.	Uranus Dec.	Neptune Lat.	Neptune Dec.	Pluto Lat.	Pluto Dec.
	° ′	° ′	° ′	° ′	° ′	° ′	° ′	° ′
1	2N41	8S38	0S42	0N38	0S33	11S38	3N53	19S15
3	2 41	8 36	0 42	0 41	0 33	11 36	3 53	19 15
5	2 42	8 34	0 42	0 44	0 33	11 35	3 53	19 15
7	2 42	8 31	0 42	0 46	0 33	11 33	3 53	19 14
9	2 42	8 29	0 41	0 49	0 33	11 32	3 53	19 14
11	2 43	8 26	0 41	0 52	0 33	11 30	3 53	19 14
13	2 43	8 24	0 41	0 54	0 33	11 29	3 53	19 14
15	2 43	8 21	0 41	0 57	0 33	11 27	3 53	19 14
17	2 44	8 18	0 41	1 00	0 33	11 26	3 53	19 14
19	2 44	8 15	0 41	1 02	0 33	11 24	3 53	19 13
21	2 44	8 12	0 41	1 05	0 33	11 23	3 53	19 13
23	2 45	8 09	0 41	1 08	0 33	11 21	3 53	19 13
25	2 45	8 06	0 41	1 11	0 33	11 20	3 53	19 13
27	2 45	8 03	0 41	1 13	0 33	11 19	3 53	19 13
29	2 45	8 00	0 41	1 16	0 34	11 17	3 53	19 13
31	2N46	7S57	0S41	1N19	0S34	11S16	3N53	19S13

Mutual Aspects

1 ☿▽♄.
2 ♂∠♄. ☿∥♅. ♀#♆.
3 ☉☍♂. ☿⊥♃. ☿⚺♆.
4 ☉⚼♄. ♀⚼♂. ♀☍♄.
5 ☿☌♅.
6 ♀✶♆. ♀∥♃.
8 ☉∠♀. ♀⚺♅. ☉#☿.
11 ☉Q♇. ☿⚺♀.
12 ☉±♄. ☿Stat.
13 ♃△♇. ♂#♆.
14 ☉∠♃. ♀△♂. ♀☌♃. ♀⊥♅. ♀△♇. ♂△♃.
15 ♂△♇.
16 ☿⊥♀. ♃⊥♅.
17 ☉#♅.
18 ☉▽♄. ☿⊥♃. ☿☌♅. ♀Q♆.
20 ♀#♇.
21 ☉☌☿. ☉⚺♆. ☿∠♀. ☿⚺♆.
23 ♀∠♅. ☉∥♅.
24 ☉☌♅. 25 ☉∥☿.
26 ☉▽♂. ☉⊥♃. ☿∠♃. ☿▽♄. ☿∥♅.
28 ☉⊥♆. ♀⚼♇. ♄Q♇.
29 ☉□♇. ☿✶♀.
31 ☉±♂. ♀▽♄. ♂▽♅. ☿#♅.

LAST QUARTER–Mar.15,01h.25m. (24°♐52′)

NEW MOON–Apr.21,07h.18m. (1° ♉ 35′)

D M	D W	Sidereal Time	☉ Long.	☉ Dec.	☽ Long.	☽ Lat.	☽ Dec.	☽ Node	24h. ☽ Long.	24h. ☽ Dec.
		h m s	° ′ ″	° ′	° ′ ″	° ′	° ′	° ′	° ′ ″	° ′
1	Su	0 40 59	12 ♈ 09 46	4 N48	1 ♌ 50 58	4 S 13	15 N38	8 ♐ 08	8 ♌ 25 56	13 N47
2	M	0 44 56	13 08 56	5 11	15 07 59	4 46	11 44	8 05	21 57 19	9 30
3	T	0 48 52	14 08 04	5 34	28 54 00	5 04	7 06	8 01	5 ♍ 57 54	4 N34
4	W	0 52 49	15 07 09	5 57	13 ♍ 08 42	5 05	1 N56	7 58	20 25 50	0 S 47
5	Th	0 56 45	16 06 13	6 20	27 48 36	4 46	3 S 30	7 55	5 ♎ 16 04	6 12
6	F	1 00 42	17 05 14	6 43	12 ♎ 47 08	4 07	8 50	7 52	20 20 37	11 21
7	S	1 04 39	18 04 13	7 05	27 55 17	3 10	13 42	7 49	5 ♏ 29 50	15 49
8	Su	1 08 35	19 03 10	7 28	13 ♏ 03 04	2 00	17 40	7 46	20 33 53	19 12
9	M	1 12 32	20 02 06	7 50	28 01 16	0 S 43	20 24	7 42	5 ♐ 24 25	21 15
10	T	1 16 28	21 00 59	8 12	12 ♐ 42 40	0 N37	21 43	7 39	19 55 33	21 48
11	W	1 20 25	21 59 51	8 34	27 02 46	1 52	21 32	7 36	4 ♑ 04 10	20 56
12	Th	1 24 21	22 58 42	8 56	10 ♑ 59 45	2 59	20 01	7 33	17 49 37	18 49
13	F	1 28 18	23 57 30	9 18	24 33 56	3 53	17 23	7 30	1 ♒ 12 58	15 44
14	S	1 32 14	24 56 17	9 39	7 ♒ 47 01	4 34	13 54	7 26	14 16 24	11 56
15	Su	1 36 11	25 55 02	10 01	20 41 27	5 00	9 51	7 23	27 02 32	7 41
16	M	1 40 08	26 53 45	10 22	3 ♓ 19 58	5 10	5 28	7 20	9 ♓ 34 03	3 S 12
17	T	1 44 04	27 52 27	10 43	15 45 06	5 06	0 S 55	7 17	21 53 24	1 N21
18	W	1 48 01	28 51 07	11 04	27 59 12	4 47	3 N36	7 14	4 ♈ 02 45	5 47
19	Th	1 51 57	29 ♈ 49 44	11 25	10 ♈ 04 16	4 16	7 55	7 11	16 03 59	9 57
20	F	1 55 54	0 ♉ 48 21	11 45	22 02 06	3 34	11 53	7 07	27 58 50	13 42
21	S	1 59 50	1 46 55	12 06	3 ♉ 54 25	2 43	15 22	7 04	9 ♉ 49 05	16 53
22	Su	2 03 47	2 45 27	12 26	15 43 04	1 45	18 13	7 01	21 36 39	19 21
23	M	2 07 43	3 43 58	12 46	27 30 09	0 N42	20 17	6 58	3 ♊ 23 52	21 00
24	T	2 11 40	4 42 26	13 05	9 ♊ 18 11	0 S 22	21 28	6 55	15 13 29	21 43
25	W	2 15 37	5 40 53	13 25	21 10 13	1 26	21 42	6 52	27 08 50	21 27
26	Th	2 19 33	6 39 17	13 44	3 ♋ 09 49	2 28	20 56	6 48	9 ♋ 13 42	20 11
27	F	2 23 30	7 37 40	14 03	15 21 01	3 23	19 11	6 45	21 32 19	17 58
28	S	2 27 26	8 36 00	14 22	27 48 09	4 10	16 31	6 42	4 ♌ 09 03	14 51
29	Su	2 31 23	9 34 18	14 41	10 ♌ 35 32	4 46	12 59	6 39	17 08 04	10 56
30	M	2 35 19	10 ♉ 32 34	14 N59	23 ♌ 47 03	5 S 09	8 N44	6 ♐ 36	0 ♍ 32 46	6 N23

D M	Mercury Lat.	Mercury Dec.	Mercury Dec.	Venus Lat.	Venus Dec.	Venus Dec.	Mars Lat.	Mars Dec.	Mars Dec.	Jupiter Lat.	Jupiter Dec.
	° ′	° ′	° ′	° ′	° ′	° ′	° ′	° ′	° ′	° ′	° ′
1	0 N51	1 S 30	1 S 50	3 N 30	23 N07	23 N24	3 N 18	12 N51	12 N 52	0 S 52	15 N02
3	0 N20	2 07	2 22	3 38	23 40	23 56	3 12	12 53	12 53	0 52	15 10
5	0 S 09	2 34	2 43	3 46	24 11	24 26	3 07	12 53	12 53	0 52	15 18
7	0 37	2 50	2 55	3 54	24 40	24 54	3 02	12 53	12 52	0 51	15 27
9	1 02	2 57	2 56	4 01	25 07	25 20	2 57	12 51	12 50	0 51	15 35
11	1 24	2 53	2 48	4 08	25 32	25 44	2 52	12 48	12 47	0 51	15 43
13	1 44	2 41	2 32	4 14	25 55	26 06	2 47	12 45	12 42	0 51	15 51
15	2 01	2 21	2 07	4 20	26 16	26 25	2 42	12 40	12 37	0 51	15 59
17	2 15	1 52	1 35	4 25	26 34	26 43	2 37	12 34	12 30	0 50	16 07
19	2 27	1 17	0 56	4 30	26 51	26 58	2 32	12 27	12 23	0 50	16 15
21	2 37	0 S 34	0 S 11	4 34	27 05	27 12	2 27	12 19	12 15	0 50	16 23
23	2 44	0 N14	0 N 40	4 37	27 18	27 23	2 22	12 10	12 06	0 50	16 31
25	2 48	1 08	1 37	4 40	27 28	27 32	2 17	12 01	11 55	0 49	16 39
27	2 50	2 07	2 39	4 42	27 36	27 40	2 13	11 50	11 45	0 49	16 47
29	2 50	3 11	3 N 45	4 42	27 42	27 N45	2 08	11 39	11 N 33	0 49	16 55
31	2 S 47	4 N20		4 N 42	27 N47		2 N 04	11 N27		0 S 49	17 N02

FIRST QUARTER–Apr.29,09h.57m. (9° ♌ 29′)

FULL MOON–Apr. 6,19h.19m. (17°♎23′)

D M	☿ Long.	♀ Long.	♂ Long.	♃ Long.	♄ Long.	♅ Long.	♆ Long.	♇ Long.
	° ′	° ′	° ′	° ′	° ′	° ′	° ′	° ′
1	24♓15	28♉00	4♍42	13♉25	27♎15	4♈57	2♓05	9♑32
2	24R 01	28 57	4R 33	13 39	27R 11	5 01	2 07	9 33
3	23 53	29♉52	4 24	13 52	27 07	5 04	2 09	9 33
4	23D 51	0♊48	4 16	14 05	27 02	5 07	2 11	9 33
5	23 54	1 42	4 09	14 19	26 58	5 11	2 12	9 33
6	24 03	2 36	4 03	14 32	26 53	5 14	2 14	9 33
7	24 16	3 30	3 58	14 46	26 49	5 18	2 16	9 34
8	24 35	4 22	3 53	14 59	26 44	5 21	2 18	9 34
9	24 58	5 14	3 49	15 13	26 40	5 24	2 19	9 34
10	25 26	6 06	3 46	15 26	26 35	5 28	2 21	9 34
11	25 58	6 56	3 44	15 40	26 30	5 31	2 23	9R 34
12	26 34	7 46	3 42	15 54	26 26	5 34	2 24	9 34
13	27 14	8 35	3 41	16 07	26 21	5 38	2 26	9 34
14	27 58	9 24	3D 41	16 21	26 17	5 41	2 27	9 34
15	28 46	10 11	3 42	16 35	26 12	5 44	2 29	9 33
16	29♓36	10 58	3 43	16 49	26 07	5 47	2 30	9 33
17	0♈30	11 44	3 45	17 03	26 03	5 51	2 32	9 33
18	1 27	12 29	3 48	17 17	25 58	5 54	2 33	9 33
19	2 27	13 12	3 51	17 31	25 54	5 57	2 35	9 33
20	3 30	13 55	3 55	17 45	25 49	6 00	2 36	9 32
21	4 35	14 37	4 00	17 58	25 44	6 03	2 38	9 32
22	5 43	15 18	4 06	18 12	25 40	6 07	2 39	9 32
23	6 53	15 58	4 12	18 27	25 35	6 10	2 40	9 31
24	8 06	16 36	4 19	18 41	25 31	6 13	2 42	9 31
25	9 21	17 13	4 26	18 55	25 26	6 16	2 43	9 30
26	10 39	17 49	4 34	19 09	25 22	6 19	2 44	9 30
27	11 58	18 24	4 43	19 23	25 17	6 22	2 45	9 29
28	13 20	18 57	4 53	19 37	25 13	6 25	2 47	9 29
29	14 43	19 29	5 02	19 51	25 08	6 28	2 48	9 28
30	16♈09	20♊00	5♍13	20♉05	25♎04	6♈31	2♓49	9♑28

Lunar Aspects

D M	☉	☿	♀	♂	♃	♄	♅	♆	♇
1			⚹	⚺		□	△		
2	△	⚼			□		⚼		
3	⚼		□	☌		⚹		☍	⚼
4					△	∠			△
5		☍	△	⚺	⚼	⚺	☍		
6	☍		⚼	∠				⚼	□
7				⚹		☌		△	
8		⚼			☍		⚼		⚹
9		△		□		⚺		□	∠
10	⚼		☍			∠	△		⚺
11	△	□		△	⚼	⚹		⚹	
12					△		□	∠	☌
13	□	⚹	⚼	⚼		□			
14		∠	△				⚹	⚺	⚺
15	⚹				□	△	∠		∠
16		⚺		☍			⚺	☌	⚹
17	∠		□		⚹	⚼			
18	⚺	☌			∠			⚺	
19			⚹				☌		□
20				⚼	⚺	☍		∠	
21	☌	⚺	∠	△			⚺	⚹	△
22		∠	⚺		☌		∠		
23								□	⚼
24	⚺	⚹		□		⚼	⚹		
25	∠		☌		⚺	△			
26	⚹			⚹	∠		□	△	
27		□	⚺	∠	⚹			⚼	☍
28						□			
29	□	△	∠	⚺			△		
30			⚹		□	⚹	⚼		⚼

D M	Saturn Lat.	Saturn Dec.	Uranus Lat.	Uranus Dec.	Neptune Lat.	Neptune Dec.	Pluto Lat.	Pluto Dec.
	° ′	° ′	° ′	° ′	° ′	° ′	° ′	° ′
1	2N46	7S55	0S41	1N20	0S34	11S15	3N53	19S13
3	2 46	7 52	0 41	1 23	0 34	11 14	3 54	19 13
5	2 46	7 48	0 41	1 25	0 34	11 13	3 54	19 13
7	2 46	7 45	0 41	1 28	0 34	11 12	3 54	19 13
9	2 46	7 42	0 41	1 31	0 34	11 10	3 54	19 12
11	2 46	7 38	0 41	1 33	0 34	11 09	3 54	19 12
13	2 46	7 35	0 41	1 36	0 34	11 08	3 54	19 12
15	2 46	7 32	0 41	1 39	0 34	11 07	3 54	19 12
17	2 46	7 29	0 41	1 41	0 34	11 06	3 54	19 12
19	2 46	7 25	0 41	1 44	0 34	11 05	3 54	19 12
21	2 46	7 22	0 41	1 46	0 34	11 04	3 54	19 12
23	2 46	7 19	0 41	1 49	0 34	11 03	3 54	19 12
25	2 46	7 16	0 42	1 51	0 34	11 02	3 54	19 12
27	2 46	7 12	0 42	1 54	0 34	11 01	3 54	19 12
29	2 46	7 09	0 42	1 56	0 34	11 01	3 54	19 13
31	2N46	7S06	0S42	1N58	0S34	11S00	3N54	19S13

Mutual Aspects

3 ☉⚺♃.
4 ♃Q♆. ☿Stat.
6 ☉∠♆. ♀±♄. ♀□♆.
7 ♀□♂. ♀±♇.
8 ☉⚼♂.
9 ♀⚹♅. ☉#♄.
10 ♇Stat.
11 ☉∠♀.
12 ☿∇♄.
14 ♀∇♇. ♂Stat.
15 ☉☍♄.
16 ♀⚼♄.
18 ☉#♆. ☿#♅.
19 ☿∠♃. ☿⚺♆.
20 ☿∇♂.
22 ☉⚹♆. ☿☌♅. ☉∥♂.
24 ☉△♂. ☿⊥♆.
25 ☿□♇.
26 ☉⚺♅. ☿±♂.
27 ♀Q♅. ☿∥♅.
28 ☿⊥♃.
29 ☉△♇.
30 ♀⚺♃.

LAST QUARTER–Apr.13,10h.50m. (23°♑55′)

NEW MOON–May 20,23h.47m. (0°♊21′)

D M	D W	Sidereal Time	☉ Long.	☉ Dec.	☽ Long.	☽ Lat.	☽ Dec.	☽ Node	24h. ☽ Long.	24h. ☽ Dec.
		h m s	° ′ ″	° ′	° ′ ″	° ′	° ′	° ′	° ′ ″	° ′
1	T	2 39 16	11 ♉ 30 49	15 N17	7 ♍ 25 27	5 S 15	3 N54	6 ♐ 32	14 ♍ 25 08	1 N21
2	W	2 43 12	12 29 00	15 35	21 31 43	5 03	1 S 17	6 29	28 44 55	3 S 55
3	Th	2 47 09	13 27 10	15 53	6 ♎ 04 17	4 31	6 33	6 26	13 ♎ 29 08	9 07
4	F	2 51 06	14 25 19	16 10	20 58 39	3 40	11 35	6 23	28 31 50	13 53
5	S	2 55 02	15 23 25	16 27	6 ♏ 07 32	2 33	15 58	6 20	13 ♏ 44 33	17 48
6	Su	2 58 59	16 21 30	16 44	21 21 38	1 S 15	19 19	6 17	28 57 31	20 28
7	M	3 02 55	17 19 33	17 00	6 ♐ 31 02	0 N08	21 16	6 13	14 ♐ 01 05	21 40
8	T	3 06 52	18 17 34	17 16	21 26 44	1 29	21 40	6 10	28 47 11	21 18
9	W	3 10 48	19 15 34	17 32	6 ♑ 01 50	2 43	20 35	6 07	13 ♑ 10 14	19 32
10	Th	3 14 45	20 13 33	17 48	20 12 09	3 45	18 13	6 04	27 07 26	16 39
11	F	3 18 41	21 11 30	18 03	3 ♒ 56 10	4 31	14 52	6 01	10 ♒ 38 27	12 56
12	S	3 22 38	22 09 26	18 18	17 14 35	5 02	10 52	5 57	23 44 52	8 42
13	Su	3 26 35	23 07 21	18 33	0 ♓ 09 43	5 16	6 29	5 54	6 ♓ 29 32	4 S 13
14	M	3 30 31	24 05 15	18 48	12 44 48	5 14	1 S 56	5 51	18 55 58	0 N21
15	T	3 34 28	25 03 07	19 02	25 03 30	4 58	2 N36	5 48	1 ♈ 07 53	4 49
16	W	3 38 24	26 00 58	19 15	7 ♈ 09 33	4 29	6 57	5 45	13 08 57	9 02
17	Th	3 42 21	26 58 48	19 29	19 06 28	3 48	11 00	5 42	25 02 31	12 52
18	F	3 46 17	27 56 36	19 42	0 ♉ 57 27	2 58	14 35	5 38	6 ♉ 51 37	16 10
19	S	3 50 14	28 54 24	19 55	12 45 21	2 01	17 35	5 35	18 38 57	18 49
20	Su	3 54 10	29 ♉ 52 10	20 07	24 32 42	0 N58	19 51	5 32	0 ♊ 26 55	20 40
21	M	3 58 07	0 ♊ 49 54	20 19	6 ♊ 21 51	0 S 07	21 15	5 29	12 17 47	21 36
22	T	4 02 04	1 47 38	20 31	18 15 01	1 13	21 43	5 26	24 13 48	21 34
23	W	4 06 00	2 45 20	20 42	0 ♋ 14 28	2 16	21 11	5 23	6 ♋ 17 17	20 32
24	Th	4 09 57	3 43 00	20 54	12 22 35	3 13	19 39	5 19	18 30 43	18 33
25	F	4 13 53	4 40 40	21 04	24 42 00	4 02	17 12	5 16	0 ♌ 56 49	15 39
26	S	4 17 50	5 38 17	21 15	7 ♌ 15 30	4 41	13 55	5 13	13 38 26	12 00
27	Su	4 21 46	6 35 54	21 25	20 05 58	5 07	9 55	5 10	26 38 26	7 42
28	M	4 25 43	7 33 28	21 34	3 ♍ 16 08	5 18	5 22	5 07	9 ♍ 59 22	2 N56
29	T	4 29 39	8 31 02	21 43	16 48 17	5 11	0 N26	5 03	23 43 02	2 S 07
30	W	4 33 36	9 28 34	21 52	0 ♎ 43 39	4 47	4 S 40	5 00	7 ♎ 50 02	7 12
31	Th	4 37 33	10 ♊ 26 04	22 N01	15 ♎ 01 57	4 S 04	9 S 40	4 ♐ 57	22 ♎ 19 04	12 S 02

D M	Mercury Lat.	Mercury Dec.	Mercury Dec.	Venus Lat.	Venus Dec.	Venus Dec.	Mars Lat.	Mars Dec.	Mars Dec.	Jupiter Lat.	Jupiter Dec.
	° ′	° ′	° ′	° ′	° ′	° ′	° ′	° ′	° ′	° ′	° ′
1	2 S 47	4 N20	4 N 56	4 N 42	27 N47	27 N48	2 N 04	11 N27	11 N 20	0 S 49	17 N02
3	2 43	5 33	6 11	4 40	27 49	27 49	1 59	11 14	11 07	0 49	17 10
5	2 36	6 49	7 29	4 38	27 49	27 49	1 55	11 00	10 53	0 49	17 18
7	2 27	8 09	8 50	4 34	27 48	27 46	1 51	10 46	10 39	0 48	17 25
9	2 15	9 32	10 14	4 28	27 44	27 41	1 47	10 31	10 23	0 48	17 33
11	2 02	10 57	11 40	4 21	27 38	27 34	1 43	10 15	10 07	0 48	17 40
13	1 47	12 23	13 07	4 12	27 30	27 25	1 39	9 59	9 51	0 48	17 47
15	1 30	13 51	14 35	4 02	27 19	27 13	1 35	9 42	9 34	0 48	17 55
17	1 12	15 19	16 02	3 49	27 07	27 00	1 31	9 25	9 16	0 48	18 02
19	0 53	16 45	17 28	3 35	26 52	26 43	1 27	9 07	8 57	0 48	18 09
21	0 32	18 10	18 51	3 18	26 34	26 24	1 24	8 48	8 38	0 47	18 16
23	0 S 11	19 31	20 09	3 00	26 14	26 02	1 20	8 29	8 19	0 47	18 23
25	0 N10	20 46	21 22	2 39	25 51	25 38	1 17	8 09	7 59	0 47	18 29
27	0 31	21 55	22 27	2 16	25 25	25 11	1 13	7 49	7 39	0 47	18 36
29	0 51	22 56	23 N 22	1 52	24 56	24 N41	1 10	7 28	7 N 18	0 47	18 43
31	1 N09	23 N46		1 N 26	24 N25		1 N 07	7 N07		0 S 47	18 N49

FIRST QUARTER–May 28,20h.16m. (7°♍53′)

FULL MOON–May 6,03h.35m. (16°♏01′)

D M	☿ Long.	♀ Long.	♂ Long.	♃ Long.	♄ Long.	♅ Long.	♆ Long.	♇ Long.
	° ′	° ′	° ′	° ′	° ′	° ′	° ′	° ′
1	17♈37	20♊28	5♍24	20♉19	25♎00	6♈34	2♓50	9♑27
2	19 07	20 56	5 36	20 34	24R 55	6 37	2 51	9R 27
3	20 38	21 21	5 48	20 48	24 51	6 40	2 52	9 26
4	22 12	21 45	6 01	21 02	24 47	6 43	2 53	9 25
5	23 47	22 08	6 14	21 16	24 43	6 46	2 54	9 24
6	25 25	22 28	6 28	21 30	24 39	6 48	2 55	9 24
7	27 05	22 46	6 42	21 45	24 35	6 51	2 56	9 23
8	28♈46	23 03	6 57	21 59	24 31	6 54	2 57	9 22
9	0♉29	23 17	7 12	22 13	24 27	6 57	2 58	9 21
10	2 15	23 30	7 28	22 27	24 23	7 00	2 59	9 21
11	4 02	23 40	7 44	22 41	24 19	7 02	2 59	9 20
12	5 51	23 48	8 00	22 56	24 15	7 05	3 00	9 19
13	7 42	23 54	8 18	23 10	24 11	7 07	3 01	9 18
14	9 35	23 58	8 35	23 24	24 08	7 10	3 02	9 17
15	11 30	24 00	8 53	23 38	24 04	7 13	3 02	9 16
16	13 27	23R 59	9 11	23 53	24 00	7 15	3 03	9 15
17	15 26	23 55	9 30	24 07	23 57	7 18	3 04	9 14
18	17 27	23 50	9 49	24 21	23 53	7 20	3 04	9 13
19	19 29	23 41	10 09	24 35	23 50	7 23	3 05	9 12
20	21 33	23 31	10 29	24 49	23 47	7 25	3 05	9 11
21	23 39	23 18	10 49	25 04	23 44	7 27	3 06	9 10
22	25 46	23 03	11 10	25 18	23 40	7 30	3 06	9 09
23	27♉55	22 45	11 31	25 32	23 37	7 32	3 07	9 07
24	0♊04	22 25	11 53	25 46	23 34	7 34	3 07	9 06
25	2 15	22 03	12 14	26 00	23 32	7 36	3 07	9 05
26	4 26	21 38	12 37	26 14	23 29	7 39	3 08	9 04
27	6 38	21 12	12 59	26 28	23 26	7 41	3 08	9 03
28	8 50	20 43	13 22	26 42	23 23	7 43	3 08	9 02
29	11 02	20 13	13 45	26 56	23 21	7 45	3 08	9 00
30	13 13	19 41	14 09	27 11	23 18	7 47	3 09	8 59
31	15♊24	19♊08	14♍32	27♉25	23♎16	7♈49	3♓09	8♑58

D M	Lunar Aspects ☉	☿	♀	♂	♃	♄	♅	♆	♇
1	△	⚼		☌		∠		☍	△
2	⚼		□		△	⊻			
3				⊻	⚼		☍		□
4		☍	△	∠		☌		⚼	
5			⚼	✱				△	✱
6	☍				☍	⊻	⚼		∠
7		⚼		□		∠	△	□	⊻
8			☍			✱			
9	⚼	△		△	⚼		□	✱	☌
10	△			⚼	△	□		∠	
11		□	⚼				✱	⊻	⊻
12	□				□		∠		
13			△			△		☌	∠
14		✱		☍		⚼	⊻		✱
15	✱	∠	□		✱				
16	∠				∠		☌	⊻	□
17		⊻	✱	⚼	⊻	☍		∠	
18	⊻							✱	
19			∠	△			⊻		△
20	●	☌	⊻		☌		∠		⚼
21				□		⚼	✱	□	
22			☌			△			
23	⊻	⊻			⊻			△	
24		∠		✱	∠		⊔	⚼	☍
25	∠		⊻	∠	✱	□			
26	✱	✱	∠	⊻			△		
27			✱		□	✱	⚼		⚼
28	□	□				∠		☍	△
29			□	☌		⊻			
30					△		☍		
31	△	△	△	⊻	⚼			⚼	□

D M	Saturn Lat.	Saturn Dec.	Uranus Lat.	Uranus Dec.	Neptune Lat.	Neptune Dec.	Pluto Lat.	Pluto Dec.
	° ′	° ′	° ′	° ′	° ′	° ′	° ′	° ′
1	2N46	7S06	0S42	1N58	0S34	11S00	3N54	19S13
3	2 45	7 03	0 42	2 00	0 34	10 59	3 54	19 13
5	2 45	7 01	0 42	2 03	0 34	10 58	3 54	19 13
7	2 45	6 58	0 42	2 05	0 35	10 58	3 54	19 13
9	2 45	6 55	0 42	2 07	0 35	10 57	3 54	19 13
11	2 44	6 53	0 42	2 09	0 35	10 57	3 54	19 13
13	2 44	6 50	0 42	2 11	0 35	10 56	3 54	19 13
15	2 44	6 48	0 42	2 13	0 35	10 56	3 54	19 13
17	2 43	6 45	0 42	2 15	0 35	10 55	3 54	19 14
19	2 43	6 43	0 42	2 17	0 35	10 55	3 54	19 14
21	2 43	6 41	0 42	2 19	0 35	10 55	3 54	19 14
23	2 42	6 39	0 42	2 21	0 35	10 54	3 54	19 14
25	2 42	6 37	0 42	2 22	0 35	10 54	3 54	19 14
27	2 42	6 36	0 42	2 24	0 35	10 54	3 54	19 15
29	2 41	6 34	0 42	2 26	0 35	10 54	3 54	19 15
31	2N41	6S33	0S42	2N27	0S35	10S54	3N54	19S15

Mutual Aspects

1 ☿∠♆.
2 ☉⊥♅.
3 ☿⚼♂. ☿⊻♃.
4 ☉Q♆. ☿✱♀.
5 ☿#♄. ♂#♆.
6 ☉⊥♀. ☿☍♄.
8 ♂▽♅. ♃∠♅.
9 ☉∥♃.
10 ☿✱♆. ☿∥♂.
11 ☿#♆.
12 ☉∠♅.
13 ☉☌♃. ☿△♂. ☿⊻♅.
14 ☉⊻♀. ☉▽♄. ☉⚼♇. ☿∠♀. ☿△♇.
15 ♀Stat.
16 ☿⊥♅. ♀⊻♃. ♂∠♄. ♂△♇. ♃▽♄. ☉#♇.
17 ☿Q♆. ♃⚼♇.
18 ☿⊥♀.
20 ☉±♄. ☿∠♅.
21 ☿⊻♀. ☿▽♄. ☿⚼♇. ☿∥♃.
22 ☿☌♃.
23 ☉□♆. ☉±♇. ☿#♇.
24 ☿±♄.
25 ☿□♆. ☿±♇.
26 ☉∥☿.
27 ☉☌☿. ☿✱♅.
28 ☉✱♅. ☿⚼♄. ☿▽♇.
29 ☉⚼♄. ☉▽♇.
30 ♀Q♅.
31 ☿□♂.

LAST QUARTER–May 12,21h.47m. (22°♒33′)

NEW MOON–June19,15h.02m. (28° ♊ 43′)

D M	D W	Sidereal Time	☉ Long.	☉ Dec.	☽ Long.	☽ Lat.	☽ Dec.	☽ Node	24h. ☽ Long.	24h. ☽ Dec.
		h m s	° ′ ″	° ′	° ′ ″	° ′	° ′	° ′	° ′ ″	° ′
1	F	4 41 29	11 ♊ 23 33	22 N09	29 ♎ 40 51	3 S 04	14 S 14	4 ♐ 54	7 ♏ 06 40	16 S 14
2	S	4 45 26	12 21 01	22 16	14 ♏ 35 42	1 51	17 59	4 51	22 07 02	19 27
3	Su	4 49 22	13 18 28	22 24	29 39 39	0 S 30	20 34	4 48	7 ♐ 12 27	21 19
4	M	4 53 19	14 15 54	22 31	14 ♐ 44 20	0 N53	21 41	4 44	22 14 11	21 39
5	T	4 57 15	15 13 19	22 37	29 40 57	2 12	21 14	4 41	7 ♑ 03 40	20 27
6	W	5 01 12	16 10 43	22 43	14 ♑ 21 30	3 21	19 20	4 38	21 33 45	17 55
7	Th	5 05 08	17 08 07	22 49	28 39 53	4 15	16 15	4 35	5 ♒ 39 31	14 23
8	F	5 09 05	18 05 30	22 54	12 ♒ 32 27	4 53	12 21	4 32	19 18 37	10 12
9	S	5 13 02	19 02 52	22 59	25 58 08	5 13	7 57	4 29	2 ♓ 31 12	5 39
10	Su	5 16 58	20 00 13	23 04	8 ♓ 58 08	5 16	3 S 19	4 25	15 19 20	0 S 59
11	M	5 20 55	20 57 34	23 08	21 35 16	5 04	1 N19	4 22	27 46 28	3 N35
12	T	5 24 51	21 54 55	23 11	3 ♈ 53 28	4 38	5 47	4 19	9 ♈ 56 51	7 55
13	W	5 28 48	22 52 15	23 15	15 57 11	4 00	9 57	4 16	21 55 04	11 53
14	Th	5 32 44	23 49 34	23 18	27 51 01	3 12	13 41	4 13	3 ♉ 45 38	15 21
15	F	5 36 41	24 46 54	23 20	9 ♉ 39 23	2 16	16 51	4 09	15 32 48	18 11
16	S	5 40 37	25 44 13	23 22	21 26 20	1 15	19 19	4 06	27 20 25	20 15
17	Su	5 44 34	26 41 31	23 24	3 ♊ 15 25	0 N10	20 58	4 03	9 ♊ 11 43	21 27
18	M	5 48 31	27 38 49	23 25	15 09 38	0 S 55	21 42	4 00	21 09 28	21 41
19	T	5 52 27	28 36 07	23 26	27 11 27	1 59	21 25	3 57	3 ♋ 15 49	20 55
20	W	5 56 24	29 ♊ 33 24	23 26	9 ♋ 22 46	2 58	20 09	3 54	15 32 29	19 09
21	Th	6 00 20	0 ♋ 30 40	23 26	21 45 08	3 49	17 54	3 50	28 00 50	16 27
22	F	6 04 17	1 27 57	23 26	4 ♌ 19 43	4 30	14 48	3 47	10 ♌ 41 56	12 57
23	S	6 08 13	2 25 12	23 25	17 07 34	4 59	10 57	3 44	23 36 46	8 48
24	Su	6 12 10	3 22 27	23 24	0 ♍ 09 38	5 12	6 32	3 41	6 ♍ 46 16	4 N10
25	M	6 16 06	4 19 41	23 22	13 26 47	5 10	1 N44	3 38	20 11 17	0 S 45
26	T	6 20 03	5 16 55	23 20	26 59 51	4 50	3 S 15	3 35	3 ♎ 52 32	5 44
27	W	6 24 00	6 14 08	23 17	10 ♎ 49 22	4 13	8 10	3 31	17 50 18	10 31
28	Th	6 27 56	7 11 21	23 14	24 55 15	3 21	12 46	3 28	2 ♏ 04 04	14 50
29	F	6 31 53	8 08 33	23 11	9 ♏ 16 30	2 15	16 43	3 25	16 32 11	18 20
30	S	6 35 49	9 ♋ 05 45	23 N07	23 ♏ 50 41	0 S 59	19 S 41	3 ♐ 22	1 ♐ 11 26	20 S 43

D M	Mercury Lat.	Mercury Dec.		Venus Lat.	Venus Dec.		Mars Lat.	Mars Dec.		Jupiter Lat.	Jupiter Dec.
	° ′	° ′	° ′	° ′	° ′	° ′	° ′	° ′	° ′	° ′	° ′
1	1 N17	24 N08	24 N 27	1 N 13	24 N09	23 N52	1 N 05	6 N56	6 N 45	0 S 47	18 N52
3	1 32	24 43	24 56	0 45	23 35	23 18	1 02	6 34	6 23	0 47	18 59
5	1 44	25 06	25 14	0 N 17	23 00	22 42	0 59	6 12	6 01	0 47	19 05
7	1 53	25 19	25 22	0 S 11	22 23	22 05	0 56	5 49	5 38	0 47	19 11
9	1 59	25 22	25 19	0 39	21 47	21 29	0 53	5 26	5 14	0 47	19 17
11	2 02	25 15	25 08	1 07	21 11	20 53	0 50	5 03	4 51	0 46	19 23
13	2 03	25 00	24 49	1 33	20 36	20 19	0 48	4 39	4 27	0 46	19 29
15	2 00	24 37	24 22	1 58	20 03	19 47	0 45	4 14	4 02	0 46	19 34
17	1 54	24 07	23 50	2 21	19 33	19 18	0 42	3 50	3 37	0 46	19 40
19	1 46	23 32	23 12	2 43	19 05	18 52	0 40	3 25	3 12	0 46	19 45
21	1 35	22 52	22 30	3 02	18 41	18 30	0 37	2 59	2 46	0 46	19 51
23	1 21	22 08	21 45	3 20	18 20	18 10	0 34	2 34	2 21	0 46	19 56
25	1 05	21 22	20 58	3 35	18 02	17 55	0 32	2 08	1 54	0 46	20 01
27	0 47	20 33	20 08	3 48	17 48	17 42	0 29	1 41	1 28	0 46	20 06
29	0 26	19 43	19 N 18	4 00	17 37	17 N33	0 27	1 15	1 N 01	0 46	20 11
31	0 N04	18 N53		4 S 10	17 N30		0 N 25	0 N48		0 S 46	20 N15

FIRST QUARTER–June27,03h.30m. (5° ♎ 54′)

FULL MOON–June 4,11h.12m. (14°♐14′)

D M	☿ Long.	♀ Long.	♂ Long.	♃ Long.	♄ Long.	♅ Long.	♆ Long.	♇ Long.
	° ′	° ′	° ′	° ′	° ′	° ′	° ′	° ′
1	17♊34	18♊33	14♍56	27♉39	23♎14	7♈51	3♓09	8♑56
2	19 43	17R 57	15 21	27 52	23R 11	7 53	3 09	8R 55
3	21 51	17 20	15 46	28 06	23 09	7 55	3 09	8 54
4	23 57	16 43	16 11	28 20	23 07	7 56	3 09	8 52
5	26 01	16 05	16 36	28 34	23 05	7 58	3R 09	8 51
6	28♊03	15 28	17 01	28 48	23 03	8 00	3 09	8 50
7	0♋04	14 50	17 27	29 02	23 01	8 02	3 09	8 48
8	2 02	14 13	17 53	29 16	23 00	8 03	3 09	8 47
9	3 58	13 36	18 19	29 29	22 58	8 05	3 09	8 46
10	5 51	13 00	18 46	29 43	22 57	8 07	3 09	8 44
11	7 42	12 26	19 13	29♉57	22 55	8 08	3 08	8 43
12	9 31	11 52	19 40	0♊11	22 54	8 10	3 08	8 41
13	11 18	11 20	20 07	0 24	22 53	8 11	3 08	8 40
14	13 01	10 50	20 35	0 38	22 52	8 12	3 08	8 38
15	14 43	10 21	21 03	0 51	22 51	8 14	3 07	8 37
16	16 22	9 54	21 31	1 05	22 50	8 15	3 07	8 36
17	17 58	9 30	21 59	1 18	22 49	8 16	3 06	8 34
18	19 32	9 07	22 27	1 32	22 48	8 18	3 06	8 33
19	21 03	8 47	22 56	1 45	22 47	8 19	3 06	8 31
20	22 32	8 29	23 25	1 59	22 47	8 20	3 05	8 30
21	23 58	8 13	23 54	2 12	22 47	8 21	3 05	8 28
22	25 22	8 00	24 23	2 25	22 46	8 22	3 04	8 27
23	26 43	7 49	24 53	2 38	22 46	8 23	3 04	8 25
24	28 01	7 41	25 23	2 52	22 46	8 24	3 03	8 24
25	29♋16	7 35	25 53	3 05	22D 46	8 25	3 02	8 22
26	0♌29	7 31	26 23	3 18	22 46	8 26	3 02	8 21
27	1 38	7 29	26 53	3 31	22 46	8 26	3 01	8 19
28	2 45	7D 30	27 24	3 44	22 46	8 27	3 00	8 17
29	3 49	7 33	27 55	3 56	22 47	8 28	2 59	8 16
30	4♌50	7♊39	28♍25	4♊09	22♎47	8♈28	2♓59	8♑14

Lunar Aspects

D	☉	☿	♀	♂	♃	♄	♅	♆	♇
1	⚼	⚼	⚼	∠		☌		△	
2				⚹					⚹
3					☍	⚺	⚼	□	∠
4	☍		☍	□		∠	△		⚺
5		☍				⚹		⚹	
6				△	⚼		□	∠	☌
7	⚼		⚼	⚼	△	□		⚺	
8	△	⚼	△				⚹		⚺
9					□	△	∠		∠
10		△	□			⚼	⚺	☌	⚹
11	□			☍					
12					⚹		☌	⚺	□
13		□	⚹		∠			∠	
14	⚹		∠		⚺	☍		⚹	
15	∠		⚺	⚼			⚺		△
16	⚺	⚹		△			∠		⚼
17		∠			☌	⚼	⚹	□	
18		⚺	☌						
19	☌			□	⚺	△		△	
20			⚺				□		☍
21		☌	∠	⚹	∠	□		⚼	
22	⚺		⚹	∠	⚹		△		
23	∠					⚹	⚼		⚼
24	⚹	⚺		⚺	□			☍	
25		∠	□			∠			△
26		⚹		☌	△	⚺			
27	□		△				☍		□
28			⚼	⚺	⚼	☌		⚼	
29	△	□		∠				△	⚹
30	⚼			⚹		⚺	⚼		∠

D M	Saturn Lat.	Saturn Dec.	Uranus Lat.	Uranus Dec.	Neptune Lat.	Neptune Dec.	Pluto Lat.	Pluto Dec.
	° ′	° ′	° ′	° ′	° ′	° ′	° ′	° ′
1	2N40	6S32	0S42	2N28	0S35	10S54	3N53	19S15
3	2 40	6 31	0 42	2 29	0 35	10 54	3 53	19 15
5	2 40	6 30	0 42	2 31	0 35	10 54	3 53	19 16
7	2 39	6 29	0 42	2 32	0 35	10 54	3 53	19 16
9	2 39	6 28	0 43	2 33	0 36	10 54	3 53	19 16
11	2 38	6 28	0 43	2 34	0 36	10 54	3 53	19 17
13	2 38	6 27	0 43	2 36	0 36	10 55	3 53	19 17
15	2 37	6 27	0 43	2 37	0 36	10 55	3 53	19 17
17	2 37	6 27	0 43	2 38	0 36	10 55	3 53	19 18
19	2 36	6 27	0 43	2 38	0 36	10 56	3 52	19 18
21	2 36	6 27	0 43	2 39	0 36	10 56	3 52	19 18
23	2 35	6 27	0 43	2 40	0 36	10 56	3 52	19 19
25	2 35	6 28	0 43	2 41	0 36	10 57	3 52	19 19
27	2 34	6 28	0 43	2 41	0 36	10 57	3 52	19 19
29	2 34	6 29	0 43	2 42	0 36	10 58	3 51	19 20
31	2N33	6S30	0S43	2N42	0S36	10S59	3N51	19S20

Mutual Aspects

1 ☿☌♀. ☿∥♀.
2 ☿Q♅. 3 ♂⋕♄.
4 ☿△♄. ♆Stat.
5 ♀□♂.
6 ☉☌♀. ☿⚺♃. ♂⊥♄. ☉∥♀.
7 ♃±♄. 8 ☉□♂.
9 ☿△♆. ♃⋕♇.
10 ☉Q♅. ☿⊥♃.
11 ☿Q♂. ☿□♅.
12 ☿☍♇.
13 ☉△♄. ☿⚺♀.
16 ☿⊥♀. ☿∠♃.
17 ☿⚼♆. ♀∥♃.
18 ♀⋕♇.
19 ♂⚺♄. ☉∥☿.
20 ☿□♄. ♀∇♇.
21 ☿∠♀. ☿⚹♂. ♀⚹♅.
22 ♃±♇.
23 ☉⚺♃. ☿±♆. ♀⚼♄. ♂∥♅.
24 ☉△♆. ♅□♇.
25 ♃□♆. ♄Stat.
27 ♀Stat.
28 ☉⚺♀. ☿∇♆. ☿∥♃.
29 ☉□♅. ☉☍♇. ☿⚹♃.
30 ☿⋕♇.

LAST QUARTER–June11,10h.41m. (20°♓54′)

NEW MOON – July19,04h.24m. (26°♋55′)

D M	D W	Sidereal Time	☉ Long.	☉ Dec.	☽ Long.	☽ Lat.	☽ Dec.	☽ Node	24h. ☽ Long.	24h. ☽ Dec.
		h m s	° ′ ″	° ′	° ′ ″	° ′	° ′	° ′	° ′ ″	° ′
1	Su	6 39 46	10 ♋ 02 56	23 N03	8 ♐ 33 46	0 N21	21 S 23	3 ♐ 19	15 ♐ 56 56	21 S 41
2	M	6 43 42	11 00 07	22 59	23 20 06	1 40	21 36	3 15	0 ♑ 42 22	21 09
3	T	6 47 39	11 57 18	22 54	8 ♑ 02 51	2 52	20 20	3 12	15 20 38	19 11
4	W	6 51 35	12 54 29	22 49	22 34 51	3 51	17 45	3 09	29 44 45	16 02
5	Th	6 55 32	13 51 40	22 43	6 ♒ 49 38	4 35	14 07	3 06	13 ♒ 48 58	12 02
6	F	6 59 29	14 48 51	22 37	20 42 21	5 02	9 49	3 03	27 29 30	7 31
7	S	7 03 25	15 46 02	22 30	4 ♓ 10 19	5 10	5 09	3 00	10 ♓ 44 51	2 S 47
8	Su	7 07 22	16 43 14	22 23	17 13 15	5 02	0 S 24	2 56	23 35 48	1 N 56
9	M	7 11 18	17 40 26	22 16	29 52 53	4 40	4 N 14	2 53	6 ♈ 04 59	6 27
10	T	7 15 15	18 37 38	22 08	12 ♈ 12 36	4 05	8 35	2 50	18 16 20	10 36
11	W	7 19 11	19 34 51	22 00	24 16 49	3 19	12 30	2 47	0 ♉ 14 39	14 16
12	Th	7 23 08	20 32 04	21 52	6 ♉ 10 31	2 26	15 52	2 44	12 05 04	17 19
13	F	7 27 04	21 29 18	21 43	17 58 55	1 27	18 34	2 41	23 52 41	19 38
14	S	7 31 01	22 26 32	21 34	29 46 58	0 N24	20 29	2 37	5 ♊ 42 20	21 07
15	Su	7 34 58	23 23 47	21 25	11 ♊ 39 18	0 S 40	21 31	2 34	17 38 19	21 40
16	M	7 38 54	24 21 02	21 15	23 39 50	1 43	21 34	2 31	29 44 11	21 13
17	T	7 42 51	25 18 18	21 04	5 ♋ 51 41	2 42	20 36	2 28	12 ♋ 02 34	19 45
18	W	7 46 47	26 15 35	20 54	18 17 01	3 35	18 39	2 25	24 35 08	17 19
19	Th	7 50 44	27 12 52	20 43	0 ♌ 56 59	4 17	15 45	2 21	7 ♌ 22 32	14 00
20	F	7 54 40	28 10 09	20 32	13 51 44	4 48	12 04	2 18	20 24 29	9 59
21	S	7 58 37	29 ♋ 07 26	20 20	27 00 39	5 04	7 45	2 15	3 ♍ 40 04	5 25
22	Su	8 02 33	0 ♌ 04 45	20 08	10 ♍ 22 34	5 03	3 N00	2 12	17 07 57	0 N31
23	M	8 06 30	1 02 03	19 56	23 56 05	4 46	1 S 58	2 09	0 ♎ 46 46	4 S 27
24	T	8 10 27	1 59 22	19 43	7 ♎ 39 54	4 12	6 54	2 06	14 35 21	9 17
25	W	8 14 23	2 56 41	19 30	21 33 00	3 23	11 33	2 02	28 32 47	13 40
26	Th	8 18 20	3 54 00	19 17	5 ♏ 34 34	2 22	15 36	1 59	12 ♏ 38 18	17 20
27	F	8 22 16	4 51 20	19 03	19 43 50	1 S 11	18 48	1 56	26 51 00	20 00
28	S	8 26 13	5 48 41	18 49	3 ♐ 59 37	0 N05	20 52	1 53	11 ♐ 09 23	21 24
29	Su	8 30 09	6 46 02	18 35	18 20 00	1 20	21 36	1 50	25 31 00	21 25
30	M	8 34 06	7 43 23	18 20	2 ♑ 41 56	2 31	20 54	1 46	9 ♑ 52 14	20 02
31	T	8 38 02	8 ♌ 40 45	18 N05	17 ♑ 01 16	3 N31	18 S 51	1 ♐ 43	24 ♑ 08 25	17 S 24

D M	Mercury Lat.	Mercury Dec.	Mercury Dec.	Venus Lat.	Venus Dec.	Venus Dec.	Mars Lat.	Mars Dec.	Mars Dec.	Jupiter Lat.	Jupiter Dec.
	° ′	° ′	° ′	° ′	° ′	° ′	° ′	° ′	° ′	° ′	° ′
1	0 N04	18 N53	18 N 28	4 S 10	17 N30	17 N27	0 N 25	0 N48	0 N 34	0 S 46	20 N15
3	0 S 21	18 03	17 39	4 18	17 25	17 24	0 22	0 N21	0 N 07	0 46	20 20
5	0 47	17 15	16 51	4 24	17 23	17 23	0 20	0 S 06	0 S 20	0 46	20 25
7	1 14	16 28	16 06	4 29	17 24	17 25	0 18	0 34	0 48	0 46	20 29
9	1 42	15 44	15 24	4 33	17 26	17 29	0 16	1 02	1 16	0 46	20 33
11	2 11	15 05	14 47	4 35	17 31	17 34	0 14	1 30	1 44	0 46	20 37
13	2 41	14 30	14 14	4 37	17 38	17 41	0 11	1 58	2 12	0 46	20 41
15	3 10	14 01	13 48	4 37	17 45	17 49	0 09	2 26	2 40	0 46	20 45
17	3 37	13 38	13 29	4 36	17 54	17 59	0 07	2 54	3 09	0 46	20 49
19	4 02	13 23	13 18	4 35	18 04	18 09	0 05	3 23	3 37	0 46	20 53
21	4 24	13 15	13 15	4 32	18 14	18 19	0 03	3 52	4 06	0 46	20 56
23	4 41	13 16	13 19	4 29	18 25	18 30	0 N 01	4 21	4 35	0 46	21 00
25	4 53	13 25	13 32	4 25	18 36	18 41	0 S 01	4 50	5 04	0 46	21 03
27	4 58	13 41	13 52	4 21	18 47	18 52	0 02	5 19	5 33	0 46	21 06
29	4 56	14 04	14 N 17	4 16	18 57	19 N03	0 04	5 48	6 S 02	0 46	21 09
31	4 S 47	14 N32		4 S 10	19 N08		0 S 06	6 S 17		0 S 46	21 N12

FIRST QUARTER – July26,08h.56m. (3°♏47′)

FULL MOON – July 3,18h.52m. (12°♑14′)

D	☿	♀	♂	♃	♄	♅	♆	♇	Lunar Aspects								
M	Long.	Long.	Long.	Long.	Long.	Long.	Long.	Long.	☉	☿	♀	♂	♃	♄	♅	♆	♇
	° ′	° ′	° ′	° ′	° ′	° ′	° ′	° ′									
1	5♌47	7♊46	28♍57	4♊22	22♎48	8♈29	2♓58	8♑13		△	☍		☍	∠	△	□	⚺
2	6 41	7 56	29 28	4 35	22 48	8 30	2R 57	8R 11		⚼		□		✱			
3	7 32	8 08	29♍59	4 47	22 49	8 30	2 56	8 10	☍						□	✱	☌
4	8 20	8 21	0♎31	5 00	22 50	8 31	2 55	8 08			⚼		⚼	□		∠	
5	9 03	8 37	1 03	5 13	22 51	8 31	2 54	8 07		☍	△	△	△		✱	⚺	⚺
6	9 43	8 55	1 35	5 25	22 52	8 31	2 53	8 05				⚼		△	∠		∠
7	10 19	9 14	2 07	5 37	22 53	8 32	2 52	8 04	⚼		□		□	⚼	⚺	☌	✱
8	10 51	9 36	2 39	5 50	22 54	8 32	2 52	8 02	△								
9	11 19	9 59	3 12	6 02	22 56	8 32	2 50	8 01		⚼		☍				⚺	
10	11 43	10 24	3 44	6 14	22 57	8 32	2 49	7 59		△	✱		✱		☌	∠	□
11	12 02	10 50	4 17	6 26	22 59	8 32	2 48	7 58	□		∠		∠	☍			
12	12 16	11 18	4 50	6 38	23 00	8 32	2 47	7 56			⚺		⚺		⚺	✱	△
13	12 26	11 47	5 23	6 50	23 02	8R 32	2 46	7 55	✱	□		⚼			∠		⚼
14	12 32	12 18	5 56	7 02	23 04	8 32	2 45	7 53								□	
15	12R 32	12 51	6 30	7 14	23 06	8 32	2 44	7 52	∠	✱	☌	△	●	⚼	✱		
16	12 28	13 24	7 03	7 26	23 08	8 32	2 43	7 51	⚺	∠				△			
17	12 19	13 59	7 37	7 37	23 10	8 32	2 42	7 49				□	⚺		□	△	☍
18	12 05	14 35	8 11	7 49	23 12	8 32	2 40	7 48		⚺	⚺		∠	□		⚼	
19	11 46	15 12	8 45	8 00	23 15	8 32	2 39	7 46	☌		∠						
20	11 23	15 51	9 19	8 12	23 17	8 31	2 38	7 45		●	✱	✱	✱		△		
21	10 56	16 30	9 53	8 23	23 19	8 31	2 37	7 43	⚺			∠		✱	⚼	☍	⚼
22	10 24	17 11	10 27	8 34	23 22	8 30	2 35	7 42	∠	⚺		⚺	□	∠			△
23	9 50	17 53	11 02	8 45	23 25	8 30	2 34	7 41		∠	□			⚺			
24	9 12	18 35	11 37	8 56	23 27	8 29	2 33	7 39	✱	✱		☌	△		☍		□
25	8 31	19 19	12 11	9 07	23 30	8 29	2 31	7 38			△		⚼	☌		⚼	
26	7 49	20 03	12 46	9 18	23 33	8 28	2 30	7 37	□	□	⚼					△	✱
27	7 06	20 48	13 22	9 29	23 36	8 28	2 28	7 35				⚺		⚺	⚼		∠
28	6 22	21 34	13 57	9 40	23 39	8 27	2 27	7 34	△	△		∠	☍	∠	△	□	⚺
29	5 39	22 21	14 32	9 50	23 43	8 26	2 26	7 33	⚼	⚼	☍	✱		✱			
30	4 57	23 09	15 08	10 01	23 46	8 25	2 24	7 32							□	✱	☌
31	4♌16	23♊58	15♎43	10♊11	23♎49	8♈25	2♓23	7♑30				□		□		∠	

D	Saturn		Uranus		Neptune		Pluto	
M	Lat.	Dec.	Lat.	Dec.	Lat.	Dec.	Lat.	Dec.
	° ′	° ′	° ′	° ′	° ′	° ′	° ′	° ′
1	2N33	6S30	0S43	2N42	0S36	10S59	3N51	19S20
3	2 32	6 31	0 43	2 42	0 36	10 59	3 51	19 20
5	2 32	6 32	0 43	2 43	0 36	11 00	3 51	19 21
7	2 31	6 33	0 43	2 43	0 36	11 01	3 51	19 21
9	2 31	6 35	0 43	2 43	0 36	11 02	3 50	19 22
11	2 30	6 36	0 44	2 43	0 36	11 02	3 50	19 22
13	2 30	6 38	0 44	2 43	0 36	11 03	3 50	19 23
15	2 29	6 40	0 44	2 43	0 37	11 04	3 50	19 23
17	2 29	6 42	0 44	2 43	0 37	11 05	3 49	19 23
19	2 28	6 44	0 44	2 43	0 37	11 06	3 49	19 24
21	2 28	6 46	0 44	2 42	0 37	11 07	3 49	19 24
23	2 27	6 49	0 44	2 42	0 37	11 08	3 48	19 25
25	2 27	6 51	0 44	2 41	0 37	11 09	3 48	19 25
27	2 26	6 54	0 44	2 41	0 37	11 10	3 48	19 26
29	2 26	6 57	0 44	2 40	0 37	11 11	3 47	19 26
31	2N25	6S59	0S44	2N39	0S37	11S12	3N47	19S27

Mutual Aspects

1 ☉⊥♃. ♀⚼♄.
3 ♀▽♇.
4 ☿✱♀. ☿△♅. ☿▽♇.
5 ♀✱♅. ☿∥♀.
6 ☉⊥♀.
8 ☿Q♄. ♂▽♆.
9 ☉⚼♆.
13 ☉∠♃. ♅Stat.
14 ☿✱♀.
15 ☉□♄. ☿Stat.
16 ♂#♅.
17 ♂△♃. ♂□♇.
18 ☉Q♂. ☉±♆. ♃▽♇. ☉∥♃.
19 ♂☍♅. ♂±♆.
20 ☿Q♄. 21 ♃⚼♄.
22 ☿✱♂. ♃✱♅.
24 ☿✱♃.
25 ☉▽♆. ☿△♅. ☉#♇.
26 ☿▽♇. 27 ♀Q♅.
28 ☉☌☿. ☿∠♀. ♅⊥♆. ☉∥♀.
30 ☉▽♇.
31 ☉△♅. ☿Q♂. ♀△♄.

LAST QUARTER – July11,01h.48m. (19°♈11′)

NEW MOON–Aug.17,15h.54m. (25°♌08′)

D M	D W	Sidereal Time	☉ Long.	☉ Dec.	☽ Long.	☽ Lat.	☽ Dec.	☽ Node	24h. ☽ Long.	24h. ☽ Dec.
		h m s	° ′ ″	° ′	° ′ ″	° ′	° ′	° ′	° ′ ″	° ′
1	W	8 41 59	9 ♌ 38 08	17 N50	1 ♒ 13 00	4 N18	15 S 41	1 ♐ 40	8 ♒ 14 22	13 S 46
2	Th	8 45 56	10 35 31	17 35	15 11 56	4 49	11 40	1 37	22 05 09	9 27
3	F	8 49 52	11 32 56	17 19	28 53 34	5 02	7 08	1 34	5 ♓ 36 50	4 S 46
4	S	8 53 49	12 30 21	17 03	12 ♓ 14 44	4 58	2 S 22	1 31	18 47 09	0 N01
5	Su	8 57 45	13 27 48	16 47	25 14 06	4 39	2 N22	1 27	1 ♈ 35 44	4 40
6	M	9 01 42	14 25 15	16 30	7 ♈ 52 17	4 06	6 53	1 24	14 04 06	9 01
7	T	9 05 38	15 22 44	16 13	20 11 38	3 23	11 01	1 21	26 15 23	12 53
8	W	9 09 35	16 20 14	15 56	2 ♉ 15 55	2 31	14 37	1 18	8 ♉ 13 50	16 11
9	Th	9 13 31	17 17 46	15 39	14 09 48	1 33	17 34	1 15	20 04 30	18 46
10	F	9 17 28	18 15 19	15 21	25 58 35	0 N32	19 45	1 12	1 ♊ 52 46	20 32
11	S	9 21 25	19 12 53	15 04	7 ♊ 47 44	0 S 31	21 06	1 08	13 44 06	21 25
12	Su	9 25 21	20 10 29	14 45	19 42 32	1 33	21 29	1 05	25 43 37	21 19
13	M	9 29 18	21 08 06	14 27	1 ♋ 47 53	2 32	20 54	1 02	7 ♋ 55 49	20 14
14	T	9 33 14	22 05 45	14 09	14 07 49	3 24	19 18	0 59	20 24 13	18 09
15	W	9 37 11	23 03 25	13 50	26 45 15	4 08	16 45	0 56	3 ♌ 11 04	15 08
16	Th	9 41 07	24 01 06	13 31	9 ♌ 41 42	4 40	13 19	0 52	16 17 05	11 20
17	F	9 45 04	24 58 49	13 12	22 57 03	4 58	9 10	0 49	29 41 20	6 53
18	S	9 49 00	25 56 33	12 52	6 ♍ 29 35	4 59	4 N29	0 46	13 ♍ 21 25	2 N01
19	Su	9 52 57	26 54 18	12 33	20 16 21	4 44	0 S 30	0 43	27 13 56	3 S 01
20	M	9 56 54	27 52 04	12 13	4 ♎ 13 38	4 11	5 31	0 40	11 ♎ 15 01	7 58
21	T	10 00 50	28 49 52	11 53	18 17 38	3 23	10 18	0 37	25 21 05	12 30
22	W	10 04 47	29 ♌ 47 41	11 33	2 ♏ 25 03	2 23	14 32	0 33	9 ♏ 29 14	16 22
23	Th	10 08 43	0 ♍ 45 31	11 12	16 33 25	1 S 13	17 57	0 30	23 37 26	19 16
24	F	10 12 40	1 43 22	10 52	0 ♐ 41 09	0 N01	20 16	0 27	7 ♐ 44 27	20 58
25	S	10 16 36	2 41 15	10 31	14 47 13	1 15	21 20	0 24	21 49 23	21 21
26	Su	10 20 33	3 39 08	10 10	28 50 47	2 24	21 02	0 21	5 ♑ 51 16	20 23
27	M	10 24 29	4 37 03	9 49	12 ♑ 50 38	3 24	19 26	0 18	19 48 39	18 11
28	T	10 28 26	5 34 59	9 28	26 45 00	4 11	16 41	0 14	3 ♒ 39 22	14 58
29	W	10 32 23	6 32 57	9 06	10 ♒ 31 23	4 44	13 03	0 11	17 20 41	10 58
30	Th	10 36 19	7 30 56	8 45	24 06 54	4 59	8 46	0 08	0 ♓ 49 39	6 29
31	F	10 40 16	8 ♍ 28 56	8 N23	7 ♓ 28 38	4 N58	4 S 09	0 ♐ 05	14 ♓ 03 35	1 S 47

D M	Mercury Lat.	Mercury Dec.		Venus Lat.	Venus Dec.		Mars Lat.	Mars Dec.		Jupiter Lat.	Jupiter Dec.
	° ′	° ′	° ′	° ′	° ′	° ′	° ′	° ′	° ′	° ′	° ′
1	4 S 40	14 N47	15 N 04	4 S 07	19 N13	19 N18	0 S 07	6 S 31	6 S 46	0 S 46	21 N14
3	4 22	15 20	15 37	4 01	19 22	19 27	0 09	7 01	7 15	0 47	21 17
5	3 57	15 54	16 10	3 54	19 31	19 35	0 11	7 30	7 44	0 47	21 19
7	3 29	16 26	16 41	3 47	19 39	19 43	0 12	7 59	8 13	0 47	21 22
9	2 58	16 56	17 09	3 40	19 46	19 49	0 14	8 28	8 43	0 47	21 25
11	2 24	17 22	17 32	3 32	19 51	19 54	0 16	8 57	9 12	0 47	21 27
13	1 50	17 41	17 49	3 24	19 56	19 57	0 17	9 26	9 41	0 47	21 29
15	1 17	17 54	17 57	3 15	19 59	20 00	0 19	9 55	10 10	0 47	21 31
17	0 45	17 58	17 56	3 07	20 00	20 00	0 21	10 24	10 38	0 47	21 33
19	0 S 14	17 52	17 45	2 58	20 00	19 59	0 22	10 53	11 07	0 47	21 35
21	0 N13	17 35	17 22	2 49	19 58	19 57	0 24	11 21	11 36	0 47	21 37
23	0 38	17 07	16 48	2 40	19 55	19 52	0 25	11 50	12 04	0 47	21 39
25	0 59	16 27	16 03	2 31	19 50	19 46	0 27	12 18	12 32	0 47	21 41
27	1 16	15 36	15 07	2 22	19 42	19 38	0 28	12 46	13 00	0 47	21 42
29	1 29	14 35	14 N 01	2 12	19 33	19 N28	0 30	13 14	13 S 28	0 48	21 44
31	1 N39	13 N25		2 S 03	19 N23		0 S 31	13 S 42		0 S 48	21 N45

FIRST QUARTER–Aug.24,13h.54m. (1°♐48′)

FULL MOON–Aug. 2,03h.27m. (10°♒15′) & Aug.31,13h.58m. (8°♓34′)

D M	☿ Long.	♀ Long.	♂ Long.	♃ Long.	♄ Long.	♅ Long.	♆ Long.	♇ Long.	☉	☿	♀	♂	♃	♄	♅	♆	♇
	° ′	° ′	° ′	° ′	° ′	° ′	° ′	° ′									
1	3♌39	24♊47	16♎19	10♊21	23♎53	8♈24	2♓21	7♑29		☍			⚼			⚺	⚺
2	3R 05	25 37	16 55	10 31	23 56	8R 23	2R 20	7R 28	☍		⚼	△	△		⚹		
3	2 35	26 27	17 31	10 41	24 00	8 22	2 18	7 27			△	⚼		△	∠	☌	∠
4	2 09	27 19	18 07	10 51	24 04	8 21	2 17	7 25		⚼			□	⚼	⚺		⚹
5	1 50	28 10	18 43	11 01	24 07	8 20	2 15	7 24	⚼		□						
6	1 35	29 03	19 19	11 11	24 11	8 19	2 14	7 23		△			⚹		☌	⚺	□
7	1 27	29♊56	19 56	11 21	24 15	8 18	2 12	7 22	△			☍		☍		∠	
8	1D 26	0♋50	20 32	11 30	24 19	8 16	2 11	7 21		□	⚹		∠			⚹	△
9	1 31	1 44	21 09	11 39	24 23	8 15	2 09	7 20	□		∠		⚺		⚺		
10	1 43	2 39	21 46	11 49	24 28	8 14	2 07	7 19		⚹					∠		⚼
11	2 02	3 34	22 23	11 58	24 32	8 13	2 06	7 18			⚺	⚼	●	⚼	⚹	□	
12	2 28	4 30	23 00	12 07	24 36	8 11	2 04	7 17	⚹	∠		△		△			
13	3 01	5 27	23 37	12 16	24 41	8 10	2 03	7 16	∠	⚺	●					△	☍
14	3 41	6 23	24 14	12 24	24 45	8 08	2 01	7 15					⚺		□	⚼	
15	4 28	7 21	24 52	12 33	24 50	8 07	1 59	7 14	⚺			□	∠	□			
16	5 21	8 18	25 29	12 42	24 54	8 05	1 58	7 13		☌	⚺		⚹		△		
17	6 21	9 17	26 07	12 50	24 59	8 04	1 56	7 12	☌		∠	⚹		⚹	⚼		⚼
18	7 28	10 15	26 44	12 58	25 04	8 02	1 55	7 11		⚺	⚹	∠	□	∠		☍	△
19	8 40	11 14	27 22	13 06	25 09	8 01	1 53	7 10		∠				⚺			
20	9 58	12 13	28 00	13 14	25 13	7 59	1 51	7 09	⚺	⚹		⚺			☍		□
21	11 22	13 13	28 38	13 22	25 18	7 57	1 50	7 09	∠		□		△			⚼	
22	12 51	14 13	29 16	13 30	25 24	7 56	1 48	7 08	⚹			☌	⚼	☌		△	⚹
23	14 25	15 14	29♎55	13 37	25 29	7 54	1 46	7 07		□	△				⚼		∠
24	16 02	16 14	0♏33	13 45	25 34	7 52	1 45	7 06	□		⚼	⚺		⚺		□	⚺
25	17 44	17 15	1 11	13 52	25 39	7 50	1 43	7 06		△		∠	☍	∠	△		
26	19 29	18 17	1 50	13 59	25 44	7 48	1 41	7 05	△	⚼		⚹		⚹		⚹	
27	21 17	19 19	2 29	14 06	25 50	7 47	1 40	7 04							□	∠	☌
28	23 08	20 21	3 07	14 13	25 55	7 45	1 38	7 04	⚼		☍	□	⚼	□		⚺	
29	25 00	21 23	3 46	14 19	26 01	7 43	1 36	7 03					△		⚹		⚺
30	26 54	22 26	4 25	14 26	26 06	7 41	1 35	7 03		☍				△	∠		∠
31	28♌50	23♋29	5♏04	14♊32	26♎12	7♈39	1♓33	7♑02	☍		⚼	△		⚼	⚺	☌	⚹

D M	Saturn Lat.	Saturn Dec.	Uranus Lat.	Uranus Dec.	Neptune Lat.	Neptune Dec.	Pluto Lat.	Pluto Dec.
	° ′	° ′	° ′	° ′	° ′	° ′	° ′	° ′
1	2N25	7S01	0S44	2N39	0S37	11S13	3N47	19S27
3	2 25	7 04	0 44	2 38	0 37	11 14	3 47	19 27
5	2 24	7 07	0 44	2 37	0 37	11 15	3 46	19 28
7	2 24	7 10	0 44	2 37	0 37	11 16	3 46	19 28
9	2 23	7 14	0 44	2 36	0 37	11 17	3 46	19 29
11	2 23	7 17	0 44	2 34	0 37	11 18	3 45	19 29
13	2 22	7 21	0 45	2 33	0 37	11 19	3 45	19 30
15	2 22	7 25	0 45	2 32	0 37	11 21	3 44	19 30
17	2 22	7 28	0 45	2 31	0 37	11 22	3 44	19 31
19	2 21	7 32	0 45	2 30	0 37	11 23	3 44	19 31
21	2 21	7 36	0 45	2 28	0 37	11 24	3 43	19 32
23	2 20	7 40	0 45	2 27	0 37	11 25	3 43	19 32
25	2 20	7 44	0 45	2 25	0 37	11 27	3 43	19 33
27	2 20	7 49	0 45	2 24	0 37	11 28	3 42	19 33
29	2 19	7 53	0 45	2 22	0 37	11 29	3 42	19 34
31	2N19	7S57	0S45	2N21	0S37	11S30	3N41	19S34

Mutual Aspects

2 ☉∠♀. ☉⚹♃.
3 ☿⊥♀. ♂⚼♆. ♂∥♄.
4 ☉Q♄. ☿▽♆. ♀#♇.
5 ☉±♇. 7 ☉∥☿.
8 ☿Stat.
9 ☿⚺♀. ♀△♆.
11 ☿▽♆. 14 ☉⚼♇.
15 ☉⚼♅. ♀☍♇. ♂☌♄.
16 ♀□♅. ♂Q♇.
17 ☉Q♃. ☉⚹♄.
18 ☿△♅. ☿▽♇.
19 ♄Q♇.
20 ☉⚹♂. ♂⚼♃.
21 ♀⚺♃. ♂∥♆.
22 ☿⚹♃. ☿Q♄. ☿±♇. ☉#♂. ☉#♆.
24 ☉±♅. ☉☍♆. ☿⚺♀. ♀⚼♆.
26 ☿Q♂. ♂△♆.
27 ☿⚼♇.
28 ☿⚼♅. ♀⊥♃.
29 ♀#♇.
30 ☉▽♅. ☉△♇. ☿Q♃. ☿⚹♄.
31 ☉∠♀. ☿#♂.

LAST QUARTER–Aug. 9,18h.55m. (17°♉34′)

NEW MOON – Sep.16,02h.11m. (23°♍37′)

D M	D W	Sidereal Time	☉ Long.	☉ Dec.	☽ Long.	☽ Lat.	☽ Dec.	☽ Node	24h. ☽ Long.	24h. ☽ Dec.
		h m s	° ′ ″	° ′	° ′ ″	° ′	° ′	° ′	° ′ ″	° ′
1	S	10 44 12	9 ♍ 26 58	8 N02	20 ♓ 34 16	4 N41	0 N34	0 ♐ 02	27 ♓ 00 36	2 N54
2	Su	10 48 09	10 25 02	7 40	3 ♈ 22 31	4 10	5 10	29 ♏ 58	9 ♈ 40 04	7 21
3	M	10 52 05	11 23 07	7 18	15 53 24	3 28	9 27	29 55	22 02 45	11 25
4	T	10 56 02	12 21 15	6 55	28 08 24	2 36	13 14	29 52	4 ♉ 10 47	14 55
5	W	10 59 58	13 19 24	6 33	10 ♉ 10 18	1 38	16 25	29 49	16 07 31	17 45
6	Th	11 03 55	14 17 35	6 11	22 02 59	0 N37	18 52	29 46	27 57 19	19 48
7	F	11 07 52	15 15 49	5 48	3 ♊ 51 09	0 S26	20 30	29 43	9 ♊ 45 10	20 58
8	S	11 11 48	16 14 04	5 26	15 40 03	1 28	21 13	29 39	21 36 30	21 13
9	Su	11 15 45	17 12 22	5 03	27 35 11	2 26	20 59	29 36	3 ♋ 36 46	20 30
10	M	11 19 41	18 10 41	4 40	9 ♋ 41 54	3 19	19 47	29 33	15 51 09	18 49
11	T	11 23 38	19 09 03	4 18	22 05 05	4 04	17 37	29 30	28 24 08	16 12
12	W	11 27 34	20 07 26	3 55	4 ♌ 48 41	4 38	14 34	29 27	11 ♌ 18 59	12 44
13	Th	11 31 31	21 05 52	3 32	17 55 11	4 58	10 43	29 24	24 37 18	8 33
14	F	11 35 27	22 04 19	3 09	1 ♍ 25 11	5 03	6 15	29 20	8 ♍ 18 35	3 N50
15	S	11 39 24	23 02 49	2 46	15 17 06	4 50	1 N20	29 17	22 20 11	1 S12
16	Su	11 43 21	24 01 20	2 22	29 27 13	4 20	3 S45	29 14	6 ♎ 37 27	6 16
17	M	11 47 17	24 59 53	1 59	13 ♎ 50 08	3 32	8 43	29 11	21 04 30	11 03
18	T	11 51 14	25 58 29	1 36	28 19 44	2 31	13 13	29 08	5 ♏ 35 08	15 12
19	W	11 55 10	26 57 06	1 13	12 ♏ 50 01	1 19	16 57	29 04	20 03 49	18 25
20	Th	11 59 07	27 55 44	0 49	27 16 03	0 S03	19 36	29 01	4 ♐ 26 18	20 27
21	F	12 03 03	28 54 25	0 26	11 ♐ 34 17	1 N13	20 58	28 58	18 39 48	21 08
22	S	12 07 00	29 ♍ 53 07	0 N03	25 42 41	2 24	20 58	28 55	2 ♑ 42 51	20 29
23	Su	12 10 56	0 ♎ 51 50	0 S21	9 ♑ 40 14	3 25	19 41	28 52	16 34 51	18 35
24	M	12 14 53	1 50 36	0 44	23 26 38	4 13	17 14	28 49	0 ♒ 15 36	15 40
25	T	12 18 50	2 49 23	1 07	7 ♒ 01 43	4 47	13 53	28 45	13 44 57	11 57
26	W	12 22 46	3 48 11	1 31	20 25 14	5 04	9 52	28 42	27 02 31	7 42
27	Th	12 26 43	4 47 02	1 54	3 ♓ 36 42	5 05	5 27	28 39	10 ♓ 07 44	3 S09
28	F	12 30 39	5 45 54	2 17	16 35 30	4 49	0 S51	28 36	22 59 58	1 N27
29	S	12 34 36	6 44 48	2 41	29 21 04	4 20	3 N43	28 33	5 ♈ 38 48	5 55
30	Su	12 38 32	7 ♎ 43 45	3 S04	11 ♈ 53 11	3 N38	8 N03	28 ♏ 30	18 ♈ 04 16	10 N04

D M	Mercury Lat.	Mercury Dec.		Venus Lat.	Venus Dec.		Mars Lat.	Mars Dec.		Jupiter Lat.	Jupiter Dec.
	° ′	° ′	° ′	° ′	° ′	° ′	° ′	° ′	° ′	° ′	° ′
1	1 N42	12 N47	12 N 08	1 S 58	19 N16	19 N10	0 S 32	13 S 56	14 S 09	0 S 48	21 N46
3	1 46	11 27	10 44	1 49	19 02	18 55	0 33	14 23	14 36	0 48	21 47
5	1 47	10 01	9 16	1 39	18 47	18 38	0 34	14 50	15 03	0 48	21 48
7	1 45	8 31	7 45	1 30	18 29	18 19	0 36	15 16	15 30	0 48	21 49
9	1 41	6 59	6 12	1 21	18 09	17 58	0 37	15 43	15 56	0 48	21 50
11	1 35	5 24	4 37	1 11	17 47	17 35	0 38	16 09	16 22	0 48	21 51
13	1 27	3 49	3 02	1 02	17 23	17 11	0 40	16 34	16 47	0 48	21 52
15	1 18	2 14	1 N 27	0 53	16 57	16 44	0 41	17 00	17 12	0 48	21 53
17	1 07	0 N39	0 S 08	0 44	16 30	16 15	0 42	17 24	17 37	0 49	21 53
19	0 55	0 S55	1 41	0 35	16 00	15 45	0 43	17 49	18 01	0 49	21 54
21	0 43	2 27	3 13	0 26	15 29	15 12	0 44	18 13	18 24	0 49	21 54
23	0 30	3 59	4 44	0 18	14 55	14 38	0 45	18 36	18 47	0 49	21 55
25	0 16	5 28	6 12	0 10	14 20	14 02	0 47	18 59	19 10	0 49	21 55
27	0 N02	6 56	7 39	0 S 01	13 43	13 24	0 48	19 21	19 32	0 49	21 55
29	0 S12	8 21	9 S 03	0 N 07	13 05	12 N45	0 49	19 43	19 S 54	0 49	21 55
31	0 S27	9 S44		0 N 14	12 N25		0 S 50	20 S 04		0 S 49	21 N55

FIRST QUARTER – Sep.22,19h.41m. (0°♑12′)

D	☿	♀	♂	♃	♄	♅	♆	♇	Lunar Aspects								
M	Long.	Long.	Long.	Long.	Long.	Long.	Long.	Long.	☉	☿	♀	♂	♃	♄	♅	♆	♇
	° ′	° ′	° ′	° ′	° ′	° ′	° ′	° ′									
1	0♍46	24♋32	5♏43	14♊38	26♎18	7♈37	1♓32	7♑01			△	⚼	□				
2	2 43	25 36	6 23	14 44	26 23	7R 35	1R 30	7R 01							☌	⚺	□
3	4 40	26 39	7 02	14 50	26 29	7 33	1 28	7 01		⚼			⚹			∠	
4	6 37	27 43	7 42	14 56	26 35	7 31	1 27	7 00	⚼		□		∠	☍		⚹	
5	8 34	28 48	8 21	15 01	26 41	7 28	1 25	7 00	△	△		☍	⚺		⚺		△
6	10 30	29♋52	9 01	15 07	26 47	7 26	1 24	6 59							∠		⚼
7	12 26	0♌57	9 40	15 12	26 53	7 24	1 22	6 59			⚹				⚹	□	
8	14 21	2 02	10 20	15 17	26 59	7 22	1 20	6 59	□	□	∠		●	⚼			
9	16 15	3 08	11 00	15 22	27 05	7 20	1 19	6 58				⚼		△		△	
10	18 09	4 13	11 40	15 26	27 11	7 17	1 17	6 58			⚺	△	⚺		□		☍
11	20 02	5 19	12 20	15 31	27 17	7 15	1 16	6 58	⚹	⚹				□		⚼	
12	21 53	6 25	13 01	15 35	27 23	7 13	1 14	6 58	∠	∠	☌		∠		△		
13	23 44	7 31	13 41	15 39	27 30	7 11	1 13	6 58	⚺			□	⚹		⚼		⚼
14	25 33	8 38	14 21	15 43	27 36	7 08	1 11	6 57		⚺				⚹		☍	△
15	27 22	9 45	15 02	15 47	27 42	7 06	1 10	6 57			⚺	⚹	□	∠			
16	29♍09	10 51	15 42	15 51	27 49	7 04	1 08	6 57	☌	☌	∠	∠		⚺			
17	0♎56	11 58	16 23	15 54	27 55	7 01	1 07	6 57			⚹	⚺	△		☍	⚼	□
18	2 41	13 06	17 04	15 57	28 02	6 59	1 05	6D 57	⚺	⚺			⚼	☌		△	
19	4 26	14 13	17 45	16 00	28 08	6 57	1 04	6 57	∠		□	●					⚹
20	6 09	15 21	18 26	16 03	28 15	6 54	1 02	6 57	⚹	∠				⚺	⚼	□	∠
21	7 51	16 28	19 07	16 06	28 22	6 52	1 01	6 57		⚹	△		☍	∠	△		⚺
22	9 32	17 36	19 48	16 08	28 28	6 50	1 00	6 58	□			⚺		⚹		⚹	
23	11 13	18 45	20 29	16 11	28 35	6 47	0 58	6 58		□	⚼	∠			□	∠	☌
24	12 52	19 53	21 11	16 13	28 42	6 45	0 57	6 58				⚹		□			
25	14 30	21 01	21 52	16 15	28 48	6 42	0 55	6 58	△				⚼		⚹	⚺	⚺
26	16 08	22 10	22 33	16 16	28 55	6 40	0 54	6 58	⚼	△	☍	□	△		∠		∠
27	17 44	23 19	23 15	16 18	29 02	6 37	0 53	6 59		⚼				△	⚺	☌	⚹
28	19 20	24 28	23 57	16 19	29 09	6 35	0 52	6 59					□	⚼			
29	20 55	25 37	24 38	16 20	29 16	6 33	0 50	6 59				△				⚺	
30	22♎29	26♌46	25♏20	16♊21	29♎23	6♈30	0♓49	7♑00	☍		⚼	⚼	⚹		☌	∠	□

D	Saturn		Uranus		Neptune		Pluto	
M	Lat.	Dec.	Lat.	Dec.	Lat.	Dec.	Lat.	Dec.
	° ′	° ′	° ′	° ′	° ′	° ′	° ′	° ′
1	2N19	7S59	0S45	2N20	0S37	11S31	3N41	19S34
3	2 18	8 04	0 45	2 18	0 37	11 32	3 41	19 35
5	2 18	8 08	0 45	2 17	0 37	11 33	3 40	19 35
7	2 18	8 13	0 45	2 15	0 37	11 34	3 40	19 36
9	2 17	8 18	0 45	2 13	0 37	11 35	3 39	19 36
11	2 17	8 22	0 45	2 11	0 37	11 36	3 39	19 36
13	2 17	8 27	0 45	2 10	0 37	11 37	3 39	19 37
15	2 17	8 32	0 45	2 08	0 37	11 39	3 38	19 37
17	2 16	8 37	0 45	2 06	0 37	11 40	3 38	19 38
19	2 16	8 41	0 45	2 04	0 37	11 41	3 37	19 38
21	2 16	8 46	0 45	2 02	0 37	11 42	3 37	19 39
23	2 16	8 51	0 45	2 00	0 37	11 43	3 36	19 39
25	2 16	8 56	0 45	1 58	0 37	11 44	3 36	19 39
27	2 15	9 01	0 45	1 56	0 37	11 45	3 36	19 40
29	2 15	9 06	0 45	1 54	0 37	11 45	3 35	19 40
31	2N15	9S11	0S45	1N53	0S37	11S46	3N35	19S41

Mutual Aspects

1 ☿⊥♀. ☿±♅. ☿☍♆. ☉#♄.
2 ♀±♆.
3 ☉∠♄. ♀□♄. ♂⚹♇. ☿#♆.
4 ☿⚻♅. ☿△♇. ♂⚻♅.
5 ☿⚹♂.
6 ♀∠♃. ♂±♃.
7 ☉□♃. ☿∠♄. ♀⚻♆. ☿#♄.
9 ☿□♃.
10 ☉☌☿. ♅⊥♆.
11 ☿∠♀.
12 ☿⊥♄. ♀⚻♇. ♂±♅.
13 ☉⊥♄. ♀△♅.
14 ☉∥☿.
15 ☿⚺♄. ☿∥♅. ♀#♂.
16 ♂⚻♃.
17 ☿∠♂. ☿⚻♆. ☉∥♅.
18 ♀±♇. ♇Stat.
19 ♅□♇. ☉#☿.
20 ☉⚺♄. ☿☍♅. ☿□♇. ☿#♅.
21 ☿±♆. ♀⚹♃. ♀Q♄.
23 ☉⚻♆.
25 ♂⚼♅. ♂∠♇.
26 ☿⊥♂. ☿△♃. ☿⚼♆. ♀⚼♅. ♀⚼♇.
27 ♀□♂. ☉#♅.
29 ☉☍♅. ☉±♆. ☉□♇. ♂∥♇.
30 ☿∥♄.

NEW MOON – Oct.15,12h.02m. (22°♎32′)

D M	D W	Sidereal Time h m s	☉ Long. ° ′ ″	☉ Dec. ° ′	☽ Long. ° ′ ″	☽ Lat. ° ′	☽ Dec. ° ′	☽ Node ° ′	24h. ☽ Long. ° ′ ″	24h. ☽ Dec. ° ′
1	M	12 42 29	8 ♎ 42 43	3 S 27	24 ♈ 12 11	2 N47	11 N58	28 ♏ 26	0 ♉ 17 07	13 N44
2	T	12 46 25	9 41 43	3 50	6 ♉ 19 16	1 49	15 20	28 23	12 18 56	16 46
3	W	12 50 22	10 40 46	4 14	18 16 26	0 N46	18 00	28 20	24 12 11	19 03
4	Th	12 54 19	11 39 51	4 37	0 ♊ 06 37	0 S18	19 53	28 17	6 ♊ 00 14	20 29
5	F	12 58 15	12 38 58	5 00	11 53 32	1 21	20 52	28 14	17 47 07	21 01
6	S	13 02 12	13 38 07	5 23	23 41 36	2 21	20 56	28 10	29 37 34	20 37
7	Su	13 06 08	14 37 19	5 46	5 ♋ 35 42	3 15	20 04	28 07	11 ♋ 36 37	19 17
8	M	13 10 05	15 36 33	6 09	17 41 00	4 02	18 16	28 04	23 49 29	17 03
9	T	13 14 01	16 35 49	6 31	0 ♌ 02 38	4 38	15 36	28 01	6 ♌ 21 03	13 58
10	W	13 17 58	17 35 07	6 54	12 45 12	5 02	12 09	27 58	19 15 31	10 09
11	Th	13 21 54	18 34 28	7 17	25 52 19	5 11	8 00	27 55	2 ♍ 35 47	5 44
12	F	13 25 51	19 33 51	7 39	9 ♍ 25 58	5 04	3 N20	27 51	16 22 45	0 N52
13	S	13 29 48	20 33 17	8 02	23 25 53	4 38	1 S39	27 48	0 ♎ 34 56	4 S11
14	Su	13 33 44	21 32 44	8 24	7 ♎ 49 17	3 54	6 41	27 45	15 08 12	9 08
15	M	13 37 41	22 32 14	8 46	22 30 47	2 54	11 27	27 42	29 56 06	13 37
16	T	13 41 37	23 31 45	9 08	7 ♏ 23 06	1 42	15 35	27 39	14 ♏ 50 46	17 17
17	W	13 45 34	24 31 19	9 30	22 18 05	0 S22	18 42	27 35	29 44 05	19 47
18	Th	13 49 30	25 30 55	9 52	7 ♐ 07 55	0 N59	20 32	27 32	14 ♐ 28 50	20 55
19	F	13 53 27	26 30 32	10 14	21 46 13	2 15	20 56	27 29	28 59 35	20 36
20	S	13 57 23	27 30 11	10 35	6 ♑ 08 33	3 22	19 56	27 26	13 ♑ 12 54	18 58
21	Su	14 01 20	28 29 52	10 56	20 12 30	4 14	17 43	27 23	27 07 18	16 14
22	M	14 05 17	29 ♎ 29 34	11 18	3 ♒ 57 21	4 51	14 33	27 20	10 ♒ 42 45	12 41
23	T	14 09 13	0 ♏ 29 19	11 39	17 23 38	5 11	10 41	27 16	24 00 11	8 34
24	W	14 13 10	1 29 04	11 59	0 ♓ 32 35	5 14	6 23	27 13	7 ♓ 01 04	4 S09
25	Th	14 17 06	2 28 52	12 20	13 25 48	5 01	1 S53	27 10	19 47 02	0 N23
26	F	14 21 03	3 28 41	12 40	26 04 55	4 33	2 N37	27 07	2 ♈ 19 41	4 49
27	S	14 24 59	4 28 32	13 01	8 ♈ 31 30	3 53	6 57	27 04	14 40 33	9 00
28	Su	14 28 56	5 28 25	13 21	20 47 02	3 03	10 56	27 01	26 51 07	12 45
29	M	14 32 52	6 28 20	13 41	2 ♉ 53 00	2 05	14 25	26 57	8 ♉ 52 54	15 56
30	T	14 36 49	7 28 16	14 00	14 51 01	1 N01	17 16	26 54	20 47 36	18 25
31	W	14 40 46	8 ♏ 28 15	14 S20	26 ♉ 42 55	0 S04	19 N21	26 ♏ 51	2 ♊ 37 16	20 N05

D M	Mercury Lat. ° ′	Mercury Dec. ° ′	Mercury Dec. ° ′	Venus Lat. ° ′	Venus Dec. ° ′	Venus Dec. ° ′	Mars Lat. ° ′	Mars Dec. ° ′	Mars Dec. ° ′	Jupiter Lat. ° ′	Jupiter Dec. ° ′
1	0 S27	9 S44	10 S 24	0 N 14	12 N25	12 N04	0 S 50	20 S 04	20 S 14	0 S 49	21 N55
3	0 41	11 04	11 44	0 22	11 43	11 22	0 51	20 25	20 35	0 49	21 55
5	0 55	12 22	13 00	0 29	11 00	10 38	0 52	20 44	20 54	0 49	21 55
7	1 10	13 37	14 13	0 36	10 16	9 53	0 53	21 04	21 13	0 50	21 55
9	1 24	14 48	15 23	0 42	9 30	9 07	0 54	21 22	21 31	0 50	21 55
11	1 37	15 57	16 30	0 49	8 43	8 19	0 55	21 40	21 49	0 50	21 55
13	1 50	17 02	17 33	0 55	7 55	7 30	0 56	21 57	22 05	0 50	21 54
15	2 02	18 03	18 32	1 01	7 05	6 40	0 56	22 13	22 21	0 50	21 54
17	2 14	19 01	19 28	1 06	6 15	5 49	0 57	22 29	22 36	0 50	21 53
19	2 25	19 54	20 19	1 11	5 24	4 58	0 58	22 44	22 51	0 50	21 52
21	2 34	20 42	21 05	1 16	4 32	4 05	0 59	22 58	23 04	0 50	21 52
23	2 43	21 26	21 46	1 21	3 39	3 12	1 00	23 11	23 17	0 50	21 51
25	2 49	22 05	22 22	1 25	2 45	2 18	1 00	23 23	23 28	0 50	21 50
27	2 54	22 37	22 51	1 28	1 51	1 24	1 01	23 34	23 39	0 50	21 49
29	2 56	23 04	23 S 14	1 32	0 57	0 N29	1 02	23 44	23 S 49	0 50	21 48
31	2 S56	23 S23		1 N 35	0 N02		1 S 02	23 S54		0 S 50	21 N47

FIRST QUARTER – Oct.22,03h.32m. (29°♑09′)

FULL MOON – Oct.29,19h.49m. (6° ♉ 48′)

D	☿	♀	♂	♃	♄	♅	♆	♇	Lunar Aspects								
M	Long.	Long.	Long.	Long.	Long.	Long.	Long.	Long.	☉	☿	♀	♂	♃	♄	♅	♆	♇
	° ′	° ′	° ′	° ′	° ′	° ′	° ′	° ′									
1	24♎02	27♌55	26♏02	16♊22	29♎30	6♈28	0♓48	7♑00		☍	△			☍			
2	25 34	29♌05	26 44	16 22	29 36	6R 25	0R 47	7 00					∠		⊻	✱	△
3	27 05	0♍15	27 26	16 23	29 43	6 23	0 45	7 01					⊻		∠		⚼
4	28♎36	1 24	28 08	16 23	29 50	6 21	0 44	7 01	⚼		□	☍				□	
5	0♏05	2 34	28 51	16R 23	29♎57	6 18	0 43	7 02	△	⚼			●	⚼	✱		
6	1 34	3 45	29♏33	16 23	0♏05	6 16	0 42	7 02									
7	3 02	4 55	0♐15	16 22	0 12	6 13	0 41	7 03		△	✱			△	□	△	☍
8	4 29	6 05	0 58	16 21	0 19	6 11	0 40	7 04	□		∠	⚼	⊻			⚼	
9	5 55	7 16	1 40	16 20	0 26	6 09	0 39	7 04				△	∠	□	△		
10	7 21	8 26	2 23	16 19	0 33	6 06	0 38	7 05	✱	□	⊻		✱				
11	8 45	9 37	3 06	16 18	0 40	6 04	0 37	7 06						✱	⚼	☍	⚼
12	10 09	10 48	3 49	16 17	0 47	6 02	0 36	7 06	∠	✱	☌	□	□	∠			△
13	11 31	11 59	4 31	16 15	0 54	5 59	0 35	7 07	⊻	∠							
14	12 53	13 10	5 14	16 13	1 02	5 57	0 34	7 08		⊻	⊻	✱		⊻	☍		□
15	14 13	14 21	5 57	16 11	1 09	5 55	0 33	7 09	☌			∠	△			⚼	
16	15 33	15 33	6 41	16 08	1 16	5 52	0 32	7 10			∠	⊻	⚼	☌		△	✱
17	16 51	16 44	7 24	16 06	1 23	5 50	0 32	7 11	⊻	●	✱				⚼		∠
18	18 08	17 56	8 07	16 03	1 30	5 48	0 31	7 11	∠			☌		⊻	△	□	⊻
19	19 23	19 08	8 50	16 00	1 38	5 46	0 30	7 12	✱	⊻	□		☍	∠			
20	20 38	20 19	9 34	15 57	1 45	5 43	0 29	7 13		∠		⊻		✱	□	✱	☌
21	21 50	21 31	10 17	15 54	1 52	5 41	0 29	7 14		✱	△	∠				∠	
22	23 01	22 43	11 01	15 50	2 00	5 39	0 28	7 15	□		⚼		⚼	□	✱	⊻	⊻
23	24 10	23 55	11 45	15 47	2 07	5 37	0 27	7 16				✱	△		∠		∠
24	25 17	25 07	12 28	15 43	2 14	5 35	0 27	7 18	△	□				△	⊻	☌	
25	26 22	26 20	13 12	15 39	2 21	5 33	0 26	7 19	⚼			□	□	⚼			✱
26	27 24	27 32	13 56	15 35	2 29	5 31	0 26	7 20		△	☍					⊻	
27	28 23	28 44	14 40	15 30	2 36	5 29	0 25	7 21		⚼					☌		□
28	29♏19	29♍57	15 24	15 26	2 43	5 27	0 25	7 22				△	✱			∠	
29	0♐12	1♎09	16 08	15 21	2 50	5 25	0 24	7 23	☍			⚼	∠	☍	⊻	✱	△
30	1 01	2 22	16 52	15 16	2 58	5 23	0 24	7 25			⚼		⊻		∠		
31	1♐46	3♎35	17♐36	15♊11	3♏05	5♈21	0♓23	7♑26		☍						□	⚼

D	Saturn		Uranus		Neptune		Pluto	
M	Lat.	Dec.	Lat.	Dec.	Lat.	Dec.	Lat.	Dec.
	° ′	° ′	° ′	° ′	° ′	° ′	° ′	° ′
1	2N15	9S11	0S45	1N53	0S37	11S46	3N35	19S41
3	2 15	9 16	0 45	1 51	0 37	11 47	3 34	19 41
5	2 15	9 21	0 45	1 49	0 37	11 48	3 34	19 41
7	2 15	9 26	0 45	1 47	0 37	11 49	3 33	19 42
9	2 14	9 31	0 45	1 45	0 37	11 49	3 33	19 42
11	2 14	9 36	0 45	1 43	0 37	11 50	3 33	19 42
13	2 14	9 41	0 45	1 41	0 37	11 51	3 32	19 43
15	2 14	9 46	0 45	1 40	0 37	11 51	3 32	19 43
17	2 14	9 52	0 45	1 38	0 37	11 52	3 31	19 43
19	2 14	9 57	0 45	1 36	0 37	11 52	3 31	19 44
21	2 14	10 02	0 45	1 34	0 37	11 53	3 31	19 44
23	2 14	10 07	0 45	1 33	0 37	11 53	3 30	19 44
25	2 14	10 12	0 45	1 31	0 37	11 54	3 30	19 45
27	2 14	10 16	0 45	1 30	0 37	11 54	3 29	19 45
29	2 14	10 21	0 45	1 28	0 37	11 54	3 29	19 45
31	2N14	10S26	0S45	1N27	0S37	11S55	3N29	19S45

Mutual Aspects

1 ♀Q♃. 2 ☿Q♇.
3 ☿⊻♂. ♀✱♄. ♀±♅. ♀☍♆. ♀#♆.
4 ☿#♀. ☿∥♆. ♃Stat.
5 ☿☌♄. ☿△♆.
6 ☿⚼♃. 7 ♂⊻♄.
8 ☉⚼♆. ♀⊼♅. ♂□♆. ♂⊥♇.
9 ☉∠♂. ☉△♃. ☿⊼♅. ♀△♇. ♀#♄.
10 ☿✱♇. 11 ♄△♆.
12 ☿±♃.
13 ☿±♅. ☉#♀. ♂#♃.
15 ♂△♅. ♃⚼♄.
16 ☿✱♀. ☿⊼♃. ♀□♃.
17 ♀∠♄. ♂⊥♄. ♂⊻♇.
18 ☉Q♇. ☉∥♄.
19 ☿∥♇. 20 ☿⚼♅.
21 ☿∠♇.
23 ☉⚼♃. ☉△♆.
24 ☉∥♆. ☿#♃.
25 ☉☌♄. ☿✱♀. ♀⊥♄.
26 ☉⊥♀.
28 ☉⊼♅. ♀⊼♆. ♂☍♃. ♀∥♅.
29 ☿□♆. 30 ☉✱♇.
31 ☿⊥♇. ♀⊻♄.

LAST QUARTER – Oct. 8,07h.33m. (15°♋26′)

NEW MOON – Nov.13,22h.08m. (21° ♏ 57′)

D M	D W	Sidereal Time	☉ Long.	☉ Dec.	☽ Long.	☽ Lat.	☽ Dec.	☽ Node	24h. ☽ Long.	24h. ☽ Dec.
		h m s	° ′ ″	° ′	° ′ ″	° ′	° ′	° ′	° ′ ″	° ′
1	Th	14 44 42	9 ♏ 28 15	14 S 39	8 ♊ 30 58	1 S 09	20 N35	26 ♏ 48	14 ♊ 24 21	20 N52
2	F	14 48 39	10 28 18	14 58	20 17 50	2 11	20 55	26 45	26 11 49	20 43
3	S	14 52 35	11 28 23	15 16	2 ♋ 06 46	3 07	20 18	26 41	8 ♋ 03 10	19 39
4	Su	14 56 32	12 28 29	15 35	14 01 30	3 56	18 47	26 38	20 02 20	17 42
5	M	15 00 28	13 28 38	15 53	26 06 12	4 35	16 25	26 35	2 ♌ 13 40	14 56
6	T	15 04 25	14 28 49	16 11	8 ♌ 25 18	5 03	13 17	26 32	14 41 39	11 27
7	W	15 08 21	15 29 02	16 29	21 03 14	5 16	9 28	26 29	27 30 34	7 22
8	Th	15 12 18	16 29 16	16 46	4 ♍ 04 05	5 15	5 08	26 26	10 ♍ 44 06	2 N48
9	F	15 16 15	17 29 33	17 03	17 30 55	4 56	0 N23	26 22	24 24 38	2 S04
10	S	15 20 11	18 29 52	17 20	1 ♎ 25 16	4 19	4 S 32	26 19	8 ♎ 32 39	6 59
11	Su	15 24 08	19 30 13	17 36	15 46 26	3 26	9 22	26 16	23 06 06	11 40
12	M	15 28 04	20 30 36	17 52	0 ♏ 30 57	2 17	13 48	26 13	8 ♏ 00 08	15 44
13	T	15 32 01	21 31 00	18 08	15 32 39	0 S 58	17 25	26 10	23 07 21	18 49
14	W	15 35 57	22 31 26	18 24	0 ♐ 43 05	0 N26	19 53	26 07	8 ♐ 18 37	20 34
15	Th	15 39 54	23 31 54	18 39	15 52 45	1 48	20 54	26 03	23 24 23	20 50
16	F	15 43 50	24 32 24	18 54	0 ♑ 52 27	3 02	20 24	26 00	8 ♑ 16 06	19 37
17	S	15 47 47	25 32 55	19 09	15 34 36	4 02	18 31	25 57	22 47 22	17 08
18	Su	15 51 44	26 33 27	19 23	29 54 02	4 46	15 31	25 54	6 ♒ 54 22	13 41
19	M	15 55 40	27 34 00	19 37	13 ♒ 48 18	5 11	11 43	25 51	20 35 53	9 37
20	T	15 59 37	28 34 34	19 50	27 17 17	5 18	7 26	25 47	3 ♓ 52 47	5 11
21	W	16 03 33	29 ♏ 35 10	20 04	10 ♓ 22 41	5 08	2 S 55	25 44	16 47 24	0 S 38
22	Th	16 07 30	0 ♐ 35 46	20 16	23 07 20	4 44	1 N37	25 41	29 22 55	3 N49
23	F	16 11 26	1 36 24	20 29	5 ♈ 34 35	4 06	5 58	25 38	11 ♈ 42 49	8 03
24	S	16 15 23	2 37 03	20 41	17 48 00	3 17	10 01	25 35	23 50 34	11 53
25	Su	16 19 19	3 37 44	20 53	29 50 54	2 21	13 37	25 32	5 ♉ 49 23	15 12
26	M	16 23 16	4 38 25	21 04	11 ♉ 46 21	1 19	16 37	25 28	17 42 08	17 51
27	T	16 27 13	5 39 08	21 15	23 37 02	0 N14	18 54	25 25	29 31 20	19 44
28	W	16 31 09	6 39 52	21 25	5 ♊ 25 19	0 S 52	20 22	25 22	11 ♊ 19 14	20 45
29	Th	16 35 06	7 40 37	21 35	17 13 22	1 55	20 55	25 19	23 07 57	20 51
30	F	16 39 02	8 ♐ 41 24	21 S 45	29 ♊ 03 15	2 S 53	20 N33	25 ♏ 16	4 ♋ 59 34	20 N01

D M	Mercury Lat.	Mercury Dec.		Venus Lat.	Venus Dec.		Mars Lat.	Mars Dec.		Jupiter Lat.	Jupiter Dec.
	° ′	° ′	° ′	° ′	° ′	° ′	° ′	° ′	° ′	° ′	° ′
1	2 S 54	23 S 30	23 S 34	1 N 36	0 S 26	0 S 53	1 S 03	23 S 58	24 S 02	0 S 50	21 N47
3	2 49	23 37	23 37	1 39	1 21	1 49	1 03	24 06	24 10	0 50	21 45
5	2 38	23 34	23 29	1 41	2 17	2 44	1 04	24 13	24 16	0 50	21 44
7	2 23	23 20	23 09	1 43	3 12	3 40	1 05	24 19	24 21	0 50	21 43
9	2 01	22 54	22 35	1 45	4 08	4 35	1 05	24 24	24 26	0 50	21 41
11	1 33	22 13	21 47	1 46	5 03	5 30	1 06	24 28	24 29	0 50	21 40
13	0 59	21 18	20 45	1 47	5 58	6 25	1 06	24 31	24 32	0 49	21 38
15	0 S 20	20 10	19 32	1 47	6 53	7 20	1 07	24 32	24 33	0 49	21 37
17	0 N21	18 53	18 14	1 47	7 47	8 14	1 07	24 33	24 33	0 49	21 35
19	1 01	17 37	17 01	1 47	8 41	9 07	1 07	24 33	24 32	0 49	21 33
21	1 35	16 28	15 59	1 47	9 34	10 00	1 08	24 31	24 30	0 49	21 32
23	2 02	15 35	15 16	1 46	10 26	10 52	1 08	24 29	24 27	0 49	21 30
25	2 21	15 02	14 54	1 45	11 18	11 43	1 08	24 25	24 23	0 48	21 28
27	2 31	14 50	14 50	1 43	12 08	12 33	1 09	24 21	24 18	0 48	21 26
29	2 35	14 55	15 S 03	1 42	12 57	13 S 22	1 09	24 15	24 S 12	0 48	21 24
31	2 N33	15 S 14		1 N 40	13 S 46		1 S 09	24 S 08		0 S 48	21 N22

FIRST QUARTER – Nov.20,14h.31m. (28° ♒ 41′)

FULL MOON–Nov.28,14h.46m. (6°♊47′)

EPHEMERIS]				NOVEMBER 2012													23
D	☿	♀	♂	♃	♄	♅	♆	♇	Lunar Aspects								
M	Long.	Long.	Long.	Long.	Long.	Long.	Long.	Long.	☉	☿	♀	♂	♃	♄	♅	♆	♇
	° ′	° ′	° ′	° ′	° ′	° ′	° ′	° ′									
1	2♐26	4♎48	18♐21	15♊06	3♍12	5♈19	0♓23	7♑27			△				✱		
2	3 01	6 01	19 05	15R 00	3 19	5R 17	0R 23	7 28	⚼			☍	●	⚼			
3	3 31	7 14	19 49	14 55	3 26	5 15	0 23	7 30			□			△	□	△	☍
4	3 53	8 27	20 34	14 49	3 34	5 14	0 22	7 31	△	⚼			⚺			⚼	
5	4 09	9 40	21 18	14 43	3 41	5 12	0 22	7 33					∠				
6	4 17	10 53	22 03	14 37	3 48	5 10	0 22	7 34		△	✱	⚼	✱	□	△		
7	4R 17	12 06	22 48	14 31	3 55	5 08	0 22	7 35	□			△			⚼		⚼
8	4 07	13 20	23 32	14 24	4 02	5 07	0 22	7 37		□	∠			✱		☍	△
9	3 49	14 33	24 17	14 18	4 10	5 05	0 22	7 38	✱		⚺		□	∠			
10	3 20	15 47	25 02	14 11	4 17	5 04	0 22	7 40	∠	✱		□		⚺	☍		□
11	2 41	17 00	25 47	14 05	4 24	5 02	0D 22	7 41	⚺	∠	☌		△			⚼	
12	1 52	18 14	26 32	13 58	4 31	5 01	0 22	7 43		⚺		✱	⚼	☌		△	✱
13	0♐54	19 27	27 17	13 51	4 38	4 59	0 22	7 45	●		⚺	∠			⚼		∠
14	29♏48	20 41	28 02	13 44	4 45	4 58	0 22	7 46		●	∠	⚺		⚺	△	□	⚺
15	28 34	21 55	28 47	13 36	4 52	4 56	0 22	7 48			✱		☍	∠			
16	27 16	23 09	29♐32	13 29	4 59	4 55	0 22	7 50	⚺	⚺		☌		✱	□	✱	☌
17	25 55	24 23	0♑18	13 22	5 06	4 54	0 22	7 51	∠	∠						∠	
18	24 34	25 37	1 03	13 14	5 13	4 53	0 22	7 53	✱	✱	□	⚺	⚼	□	✱	⚺	
19	23 16	26 51	1 49	13 06	5 20	4 51	0 23	7 55				∠	△		∠		⚺
20	22 04	28 05	2 34	12 59	5 27	4 50	0 23	7 56	□	□	△	✱				☌	∠
21	20 59	29♎19	3 20	12 51	5 34	4 49	0 23	7 58			⚼		□	△	⚺		✱
22	20 03	0♏33	4 05	12 43	5 40	4 48	0 24	8 00		△				⚼			
23	19 18	1 47	4 51	12 35	5 47	4 47	0 24	8 02	△	⚼		□			☌	⚺	□
24	18 44	3 01	5 36	12 27	5 54	4 46	0 25	8 03	⚼				✱			∠	
25	18 22	4 16	6 22	12 19	6 01	4 45	0 25	8 05			☍		∠		⚺	✱	
26	18 11	5 30	7 08	12 11	6 07	4 44	0 26	8 07				△	⚺	☍			△
27	18D 12	6 44	7 54	12 03	6 14	4 43	0 26	8 09		☍		⚼			∠		⚼
28	18 23	7 59	8 40	11 55	6 21	4 43	0 27	8 11	☍						✱	□	
29	18 43	9 13	9 26	11 47	6 27	4 42	0 27	8 13					●	⚼			
30	19♏13	10♏27	10♑11	11♊39	6♍34	4♈41	0♓28	8♑15		⚼	⚼				□	△	

D	Saturn		Uranus		Neptune		Pluto	
M	Lat.	Dec.	Lat.	Dec.	Lat.	Dec.	Lat.	Dec.
	° ′	° ′	° ′	° ′	° ′	° ′	° ′	° ′
1	2N14	10S29	0S45	1N26	0S37	11S55	3N28	19S46
3	2 14	10 34	0 44	1 24	0 37	11 55	3 28	19 46
5	2 14	10 38	0 44	1 23	0 37	11 55	3 28	19 46
7	2 14	10 43	0 44	1 22	0 37	11 55	3 27	19 46
9	2 14	10 48	0 44	1 21	0 37	11 55	3 27	19 46
11	2 14	10 53	0 44	1 19	0 37	11 55	3 27	19 47
13	2 14	10 57	0 44	1 18	0 37	11 55	3 26	19 47
15	2 14	11 02	0 44	1 17	0 37	11 55	3 26	19 47
17	2 15	11 06	0 44	1 16	0 37	11 55	3 26	19 47
19	2 15	11 11	0 44	1 15	0 37	11 55	3 25	19 47
21	2 15	11 15	0 44	1 15	0 37	11 55	3 25	19 47
23	2 15	11 20	0 44	1 14	0 37	11 54	3 25	19 47
25	2 15	11 24	0 44	1 13	0 37	11 54	3 24	19 47
27	2 15	11 28	0 44	1 12	0 37	11 54	3 24	19 48
29	2 16	11 32	0 44	1 12	0 37	11 53	3 24	19 48
31	2N16	11S36	0S44	1N11	0S37	11S53	3N23	19S48

Mutual Aspects

1 ☉±♃. ♀☍♅. ♂∠♄. ♂Q♆.
2 ♀±♆.
3 ☉±♅. ☿⚺♄. ♀□♇. ♀#♅.
4 ♀Q♂.
6 ☉⊽♃. ☿Stat.
8 ☿⚺♄. 9 ♀△♃.
10 ♀⚼♆.
11 ☿∠♀. ♆Stat.
12 ☉⊥♂. ☉⚼♅. ☿⊥♇. ☿#♃.
14 ☉∠♇. ☿□♆.
15 ☿⊥♀. ☿⚺♂.
16 ♄⊽♅. ☿∥♇.
17 ☉☌☿. ♂✱♆. ☉∥☿.
18 ☿⚺♀. ☿⊥♂. ♀Q♇.
19 ☿∠♇.
20 ♀⚼♃. ☉∥♇.
22 ☉⚺♀. ☉□♆. ☿⚼♅. ♀△♆.
23 ☉⊥♇. ☿∠♂. ♂□♅.
24 ♂✱♄.
25 ♀⊽♅. ♀∥♄.
26 ☉△♅. ♃±♄. ♀∥♆. ☿Stat.
27 ♀±♃. ♀☌♄. ♂☌♇.
28 ☉⚺♄. ♀✱♇. ☉#♃.
29 ♀✱♂.
30 ☉⚺♇. ♀±♅.

LAST QUARTER–Nov. 7,00h.36m. (15°♌00′)

NEW MOON–Dec.13,08h.42m. (21°♐45′)

D M	D W	Sidereal Time h m s	☉ Long. ° ′ ″	☉ Dec. ° ′	☽ Long. ° ′ ″	☽ Lat. ° ′	☽ Dec. ° ′	☽ Node ° ′	24h. ☽ Long. ° ′ ″	24h. ☽ Dec. ° ′
1	S	16 42 59	9 ♐ 42 12	21 S 54	10 ♋ 57 09	3 S 44	19 N 16	25 ♏ 13	16 ♋ 56 20	18 N 18
2	Su	16 46 55	10 43 01	22 03	22 57 24	4 25	17 07	25 09	29 00 44	15 45
3	M	16 50 52	11 43 51	22 11	5 ♌ 06 41	4 56	14 12	25 06	11 ♌ 15 38	12 29
4	T	16 54 48	12 44 43	22 19	17 27 59	5 13	10 37	25 03	23 44 09	8 38
5	W	16 58 45	13 45 36	22 27	0 ♍ 04 35	5 15	6 31	25 00	6 ♍ 29 40	4 N 18
6	Th	17 02 42	14 46 31	22 34	12 59 51	5 02	2 N 01	24 57	19 35 31	0 S 19
7	F	17 06 38	15 47 26	22 41	26 16 59	4 33	2 S 42	24 53	3 ♎ 04 34	5 05
8	S	17 10 35	16 48 23	22 47	9 ♎ 58 27	3 48	7 26	24 50	16 58 44	9 44
9	Su	17 14 31	17 49 21	22 53	24 05 23	2 47	11 56	24 47	1 ♏ 18 13	13 59
10	M	17 18 28	18 50 21	22 58	8 ♏ 36 55	1 34	15 52	24 44	16 00 57	17 30
11	T	17 22 24	19 51 21	23 03	23 29 37	0 S 14	18 52	24 41	1 ♐ 02 02	19 55
12	W	17 26 21	20 52 23	23 07	8 ♐ 37 10	1 N 09	20 36	24 38	16 13 53	20 55
13	Th	17 30 17	21 53 25	23 11	23 50 54	2 28	20 50	24 34	1 ♑ 26 58	20 23
14	F	17 34 14	22 54 28	23 15	9 ♑ 00 48	3 35	19 33	24 31	16 31 11	18 24
15	S	17 38 11	23 55 32	23 18	23 57 03	4 27	16 56	24 28	1 ♒ 17 27	15 13
16	Su	17 42 07	24 56 37	23 20	8 ♒ 31 39	5 00	13 18	24 25	15 39 05	11 13
17	M	17 46 04	25 57 41	23 22	22 39 26	5 13	9 01	24 22	29 32 31	6 44
18	T	17 50 00	26 58 46	23 24	6 ♓ 18 22	5 08	4 S 25	24 19	12 ♓ 57 10	2 S 05
19	W	17 53 57	27 59 52	23 25	19 29 12	4 47	0 N 14	24 15	25 54 55	2 N 31
20	Th	17 57 53	29 ♐ 00 57	23 26	2 ♈ 14 48	4 12	4 45	24 12	8 ♈ 29 24	6 53
21	F	18 01 50	0 ♑ 02 03	23 26	14 39 18	3 26	8 56	24 09	20 45 07	10 52
22	S	18 05 46	1 03 09	23 26	26 47 27	2 32	12 41	24 06	2 ♉ 46 55	14 21
23	Su	18 09 43	2 04 16	23 25	8 ♉ 44 06	1 31	15 51	24 03	14 39 33	17 11
24	M	18 13 40	3 05 22	23 24	20 33 49	0 N 28	18 20	23 59	26 27 22	19 17
25	T	18 17 36	4 06 29	23 22	2 ♊ 20 39	0 S 36	20 02	23 56	8 ♊ 14 06	20 34
26	W	18 21 33	5 07 36	23 20	14 08 03	1 39	20 51	23 53	20 02 52	20 55
27	Th	18 25 29	6 08 43	23 18	25 58 48	2 37	20 45	23 50	1 ♋ 56 06	20 21
28	F	18 29 26	7 09 50	23 15	7 ♋ 55 01	3 29	19 43	23 47	13 55 43	18 52
29	S	18 33 22	8 10 58	23 11	19 58 21	4 12	17 48	23 44	26 03 07	16 31
30	Su	18 37 19	9 12 06	23 07	2 ♌ 10 07	4 44	15 04	23 40	8 ♌ 19 30	13 26
31	M	18 41 15	10 ♑ 13 14	23 S 03	14 ♌ 31 25	5 S 03	11 N 38	23 ♏ 37	20 ♌ 46 02	9 N 42

D M	Mercury Lat. ° ′	Mercury Dec. ° ′	Mercury Dec. ° ′	Venus Lat. ° ′	Venus Dec. ° ′	Venus Dec. ° ′	Mars Lat. ° ′	Mars Dec. ° ′	Mars Dec. ° ′	Jupiter Lat. ° ′	Jupiter Dec. ° ′
1	2 N 33	15 S 14	15 S 28	1 N 40	13 S 46	14 S 09	1 S 09	24 S 08	24 S 04	0 S 48	21 N 22
3	2 27	15 44	16 03	1 37	14 32	14 55	1 09	24 00	23 56	0 48	21 20
5	2 18	16 23	16 44	1 35	15 18	15 40	1 10	23 51	23 46	0 47	21 18
7	2 07	17 06	17 28	1 32	16 02	16 23	1 10	23 41	23 35	0 47	21 16
9	1 54	17 51	18 15	1 29	16 44	17 05	1 10	23 30	23 24	0 47	21 14
11	1 40	18 38	19 02	1 26	17 25	17 45	1 10	23 17	23 11	0 46	21 12
13	1 25	19 25	19 48	1 22	18 04	18 23	1 10	23 04	22 57	0 46	21 10
15	1 10	20 10	20 32	1 19	18 41	18 59	1 10	22 50	22 42	0 46	21 08
17	0 55	20 53	21 13	1 15	19 16	19 33	1 10	22 34	22 26	0 45	21 06
19	0 39	21 33	21 52	1 11	19 49	20 04	1 10	22 18	22 09	0 45	21 05
21	0 24	22 10	22 27	1 06	20 19	20 34	1 10	22 00	21 51	0 45	21 03
23	0 N 09	22 43	22 58	1 02	20 48	21 01	1 10	21 42	21 32	0 44	21 01
25	0 S 05	23 12	23 25	0 57	21 14	21 26	1 10	21 22	21 12	0 44	20 59
27	0 19	23 37	23 47	0 53	21 37	21 48	1 10	21 02	20 51	0 43	20 58
29	0 33	23 57	24 S 05	0 48	21 58	22 S 08	1 09	20 40	20 S 29	0 43	20 56
31	0 S 46	24 S 12		0 N 43	22 S 16		1 S 09	20 S 18		0 S 43	20 N 55

FIRST QUARTER–Dec.20,05h.19m. (28°♓44′)

FULL MOON–Dec.28,10h.21m. (7°♋06′)

D M	☿ Long.	♀ Long.	♂ Long.	♃ Long.	♄ Long.	♅ Long.	♆ Long.	♇ Long.
	° ′	° ′	° ′	° ′	° ′	° ′	° ′	° ′
1	19♏50	11♏42	10♑58	11♊31	6♏40	4♈41	0♓29	8♑16
2	20 34	12 56	11 44	11R 23	6 47	4R 40	0 29	8 18
3	21 24	14 11	12 30	11 14	6 53	4 39	0 30	8 20
4	22 20	15 26	13 16	11 06	7 00	4 39	0 31	8 22
5	23 21	16 40	14 02	10 58	7 06	4 39	0 32	8 24
6	24 25	17 55	14 48	10 50	7 12	4 38	0 32	8 26
7	25 34	19 10	15 35	10 42	7 18	4 38	0 33	8 28
8	26 45	20 24	16 21	10 34	7 25	4 37	0 34	8 30
9	27 59	21 39	17 07	10 26	7 31	4 37	0 35	8 32
10	29♏16	22 54	17 54	10 18	7 37	4 37	0 36	8 34
11	0♐34	24 09	18 40	10 10	7 43	4 37	0 37	8 36
12	1 54	25 23	19 27	10 02	7 49	4 37	0 38	8 38
13	3 16	26 38	20 13	9 54	7 55	4 37	0 39	8 40
14	4 39	27 53	21 00	9 46	8 01	4D 37	0 40	8 42
15	6 03	29♏08	21 47	9 38	8 06	4 37	0 41	8 44
16	7 28	0♐23	22 33	9 31	8 12	4 37	0 43	8 47
17	8 54	1 38	23 20	9 23	8 18	4 37	0 44	8 49
18	10 21	2 53	24 07	9 16	8 23	4 37	0 45	8 51
19	11 48	4 08	24 54	9 08	8 29	4 38	0 46	8 53
20	13 16	5 23	25 40	9 01	8 34	4 38	0 48	8 55
21	14 45	6 38	26 27	8 54	8 40	4 38	0 49	8 57
22	16 14	7 53	27 14	8 47	8 45	4 39	0 50	8 59
23	17 43	9 08	28 01	8 40	8 50	4 39	0 52	9 01
24	19 13	10 23	28 48	8 33	8 56	4 40	0 53	9 03
25	20 44	11 38	29♑35	8 26	9 01	4 41	0 54	9 06
26	22 14	12 53	0♒22	8 20	9 06	4 41	0 56	9 08
27	23 45	14 08	1 09	8 13	9 11	4 42	0 57	9 10
28	25 16	15 23	1 56	8 07	9 16	4 43	0 59	9 12
29	26 48	16 38	2 43	8 01	9 21	4 43	1 00	9 14
30	28 20	17 53	3 30	7 55	9 26	4 44	1 02	9 16
31	29♐52	19♐08	4♒17	7♊49	9♏30	4♈45	1♓03	9♑18

Lunar Aspects

D	☉	☿	♀	♂	♃	♄	♅	♆	♇
1			△	☍	⚺	△		⚼	☍
2	⚼	△			∠				
3					✱	□	△		
4	△	□	□				⚼		⚼
5				⚼				☍	
6	□		✱	△	□	✱			△
7		✱				∠			
8		∠	∠	□	△	⚺	☍	⚼	□
9	✱	⚺	⚺		⚼			△	
10	∠					☌			✱
11	⚺		☌	✱			⚼	□	∠
12		☌		∠	☍	⚺	△		⚺
13	☌		⚺	⚺		∠		✱	
14		⚺	∠			✱	□	∠	☌
15	⚺	∠	✱	☌	⚼			⚺	
16	∠	✱			△	□	✱		⚺
17	✱			⚺			∠		∠
18		□	□	∠	□	△	⚺	☌	✱
19				✱		⚼			
20	□		△				☌	⚺	
21		△			✱			∠	□
22	△	⚼	⚼	□	∠			✱	
23					⚺	☍	⚺		△
24	⚼						∠		⚼
25				△			✱	□	
26			☍	⚼	☌				
27		☍				⚼		△	
28	☍				⚺	△	□		☍
29					∠			⚼	
30			⚼	☍	✱		△		
31		⚼	△			□	⚼		

D M	Saturn Lat.	Saturn Dec.	Uranus Lat.	Uranus Dec.	Neptune Lat.	Neptune Dec.	Pluto Lat.	Pluto Dec.
	° ′	° ′	° ′	° ′	° ′	° ′	° ′	° ′
1	2N16	11S36	0S44	1N11	0S37	11S53	3N23	19S48
3	2 16	11 40	0 43	1 11	0 37	11 52	3 23	19 48
5	2 16	11 44	0 43	1 11	0 37	11 52	3 23	19 48
7	2 16	11 48	0 43	1 11	0 37	11 51	3 22	19 48
9	2 17	11 52	0 43	1 10	0 37	11 50	3 22	19 48
11	2 17	11 55	0 43	1 10	0 37	11 50	3 22	19 48
13	2 17	11 59	0 43	1 10	0 37	11 49	3 22	19 48
15	2 18	12 02	0 43	1 11	0 37	11 48	3 21	19 48
17	2 18	12 06	0 43	1 11	0 37	11 47	3 21	19 48
19	2 18	12 09	0 43	1 11	0 37	11 46	3 21	19 48
21	2 18	12 12	0 43	1 11	0 37	11 45	3 21	19 48
23	2 19	12 15	0 43	1 12	0 37	11 44	3 20	19 48
25	2 19	12 18	0 43	1 12	0 37	11 43	3 20	19 48
27	2 20	12 21	0 43	1 13	0 37	11 42	3 20	19 48
29	2 20	12 24	0 42	1 14	0 37	11 41	3 20	19 47
31	2N20	12S26	0S42	1N14	0S37	11S40	3N20	19S47

Mutual Aspects

1 ☿⚼♅. ♀⚻♃.
2 ♂⚻♃.
3 ☉☍♃.
4 ☉⊥♄.
5 ☿∠♇.
6 ☉⚺♂.
7 ♀⚼♅. ♂∠♆.
8 ♂±♃. ♄∥♆.
10 ☉Q♆.
11 ☿□♆. ♀∠♇.
12 ☉∥♂.
13 ☿⊥♇. ♂Q♄. ♅Stat.
14 ☉∠♄. ☿△♅. ☿∥♇.
16 ☿∠♂. ♀□♆. ♂Q♅.
17 ☿☍♃. ☿⚺♄. ☿⚺♇.
18 ♀⊥♇. ♂⚼♃. ☿#♃.
19 ♀△♅. ♂⊥♆. ♀∥♇.
21 ☿⊥♄. ♃⚻♇. ☿∥♂.
22 ☉✱♆. ♃⚻♄.
23 ♀☍♃. ♀⚺♄. ♀⚺♇.
24 ☿Q♆. ♀#♃.
25 ♀∥♂.
26 ☉□♅. ☉∥☿.
27 ☿∠♄. ♂⚺♆. ♄✱♇. ♂#♃.
28 ♀⊥♄.
29 ☉⚻♃. ☿⊥♂.
30 ☉✱♄. ☉☌♇.
31 ♀∠♂. ♀Q♆.

LAST QUARTER–Dec. 6,15h.31m. (14°♍55′)

JANUARY

D	☉	☽	☽Dec.	☿	♀	♂
	° ′ ″	° ′ ″	° ′	° ′	° ′	′
1	1 01 09	11 51 36	3 57	1 21	1 14	14
2	1 01 09	11 49 32	3 26	1 22	1 14	14
3	1 01 09	11 52 21	2 46	1 23	1 14	13
4	1 01 09	11 59 40	1 56	1 24	1 13	13
5	1 01 08	12 10 49	0 58	1 25	1 13	12
6	1 01 08	12 24 58	0 06	1 26	1 13	12
7	1 01 08	12 41 03	1 15	1 26	1 13	11
8	1 01 08	12 57 53	2 22	1 27	1 13	10
9	1 01 07	13 14 17	3 23	1 28	1 13	10
10	1 01 07	13 29 10	4 13	1 28	1 13	9
11	1 01 07	13 41 45	4 50	1 29	1 13	9
12	1 01 07	13 51 38	5 12	1 29	1 13	8
13	1 01 07	13 58 51	5 18	1 30	1 13	7
14	1 01 07	14 03 44	5 07	1 30	1 13	7
15	1 01 07	14 06 46	4 39	1 31	1 13	6
16	1 01 06	14 08 18	3 53	1 32	1 13	5
17	1 01 06	14 08 30	2 50	1 32	1 13	5
18	1 01 06	14 07 08	1 32	1 33	1 13	4
19	1 01 06	14 03 42	0 08	1 33	1 13	3
20	1 01 06	13 57 35	1 16	1 34	1 13	3
21	1 01 05	13 48 18	2 31	1 34	1 12	2
22	1 01 04	13 35 41	3 31	1 35	1 12	1
23	1 01 04	13 20 08	4 12	1 35	1 12	0
24	1 01 03	13 02 32	4 37	1 36	1 12	0
25	1 01 02	12 44 12	4 46	1 37	1 12	1
26	1 01 01	12 26 36	4 43	1 37	1 12	2
27	1 01 00	12 11 09	4 30	1 38	1 12	3
28	1 00 59	11 59 08	4 08	1 38	1 12	3
29	1 00 58	11 51 28	3 38	1 39	1 12	4
30	1 00 57	11 48 52	3 00	1 40	1 12	5
31	1 00 55	11 51 38	2 14	1 40	1 12	6

FEBRUARY

D	☉	☽	☽Dec.	☿	♀	♂
	° ′ ″	° ′ ″	° ′	° ′	° ′	
1	1 00 54	11 59 49	1 20	1 41	1 11	7
2	1 00 53	12 13 05	0 19	1 42	1 11	7
3	1 00 51	12 30 44	0 47	1 43	1 11	8
4	1 00 50	12 51 35	1 55	1 43	1 11	9
5	1 00 49	13 14 01	3 00	1 44	1 11	10
6	1 00 48	13 36 03	3 57	1 45	1 11	10
7	1 00 46	13 55 35	4 43	1 46	1 11	11
8	1 00 45	14 10 43	5 13	1 46	1 11	12
9	1 00 44	14 20 13	5 25	1 47	1 11	13
10	1 00 43	14 23 47	5 18	1 48	1 10	14
11	1 00 41	14 22 05	4 51	1 48	1 10	14
12	1 00 40	14 16 25	4 06	1 49	1 10	15
13	1 00 39	14 08 23	3 05	1 49	1 10	16
14	1 00 38	13 59 18	1 50	1 50	1 10	16
15	1 00 37	13 50 03	0 29	1 50	1 10	17
16	1 00 36	13 40 58	0 52	1 51	1 10	18
17	1 00 35	13 31 51	2 06	1 51	1 09	18
18	1 00 34	13 22 16	3 07	1 51	1 09	19
19	1 00 32	13 11 44	3 53	1 51	1 09	20
20	1 00 31	12 59 55	4 24	1 50	1 09	20
21	1 00 29	12 46 55	4 40	1 49	1 09	21
22	1 00 27	12 33 11	4 43	1 48	1 09	21
23	1 00 26	12 19 34	4 34	1 47	1 09	22
24	1 00 24	12 07 05	4 16	1 45	1 08	22
25	1 00 22	11 56 53	3 48	1 43	1 08	22
26	1 00 20	11 50 03	3 13	1 40	1 08	23
27	1 00 18	11 47 31	2 29	1 37	1 08	23
28	1 00 17	11 49 59	1 38	1 33	1 08	23
29	1 00 15	11 57 56	0 41	1 29	1 07	23

MARCH

D	☉	☽	☽Dec.	☿	♀	♂
	° ′ ″	° ′ ″	° ′	° ′	° ′	′
1	1 00 13	12 11 28	0 21	1 24	1 07	24
2	1 00 10	12 30 19	1 25	1 18	1 07	24
3	1 00 08	12 53 39	2 30	1 12	1 07	24
4	1 00 06	13 19 58	3 30	1 05	1 06	24
5	1 00 04	13 47 07	4 22	0 58	1 06	24
6	1 00 02	14 12 21	5 02	0 50	1 06	24
7	1 00 00	14 32 47	5 25	0 42	1 06	24
8	0 59 58	14 46 01	5 28	0 34	1 05	23
9	0 59 56	14 50 46	5 09	0 25	1 05	23
10	0 59 55	14 47 13	4 29	0 16	1 05	23
11	0 59 53	14 36 53	3 28	0 07	1 05	23
12	0 59 51	14 22 01	2 12	0 02	1 04	22
13	0 59 50	14 04 58	0 49	0 10	1 04	22
14	0 59 48	13 47 38	0 33	0 18	1 04	22
15	0 59 46	13 31 15	1 48	0 26	1 04	21
16	0 59 45	13 16 22	2 50	0 33	1 03	21
17	0 59 43	13 02 59	3 38	0 39	1 03	20
18	0 59 41	12 50 49	4 11	0 44	1 03	20
19	0 59 39	12 39 29	4 30	0 48	1 02	19
20	0 59 37	12 28 39	4 37	0 51	1 02	18
21	0 59 35	12 18 15	4 33	0 53	1 01	18
22	0 59 33	12 08 26	4 19	0 54	1 01	17
23	0 59 31	11 59 39	3 55	0 54	1 01	16
24	0 59 29	11 52 33	3 22	0 52	1 00	16
25	0 59 27	11 47 56	2 41	0 50	1 00	15
26	0 59 25	11 46 37	1 52	0 47	1 00	14
27	0 59 23	11 49 22	0 58	0 43	0 59	14
28	0 59 21	11 56 50	0 01	0 38	0 59	13
29	0 59 18	12 09 28	1 02	0 33	0 58	12
30	0 59 16	12 27 22	2 03	0 28	0 58	11
31	0 59 14	12 50 13	3 02	0 22	0 57	11

APRIL

D	☉	☽	☽Dec.	☿	♀	♂
	° ′ ″	° ′ ″	° ′	° ′	° ′	′
1	0 59 11	13 17 01	3 54	0 16	0 57	10
2	0 59 09	13 46 01	4 38	0 11	0 56	9
3	0 59 07	14 14 42	5 10	0 05	0 56	8
4	0 59 04	14 39 55	5 26	0 00	0 55	7
5	0 59 02	14 58 32	5 20	0 06	0 54	7
6	0 59 00	15 08 09	4 51	0 11	0 54	6
7	0 58 58	15 07 48	3 58	0 16	0 53	5
8	0 58 56	14 58 12	2 45	0 21	0 52	4
9	0 58 55	14 41 23	1 18	0 26	0 52	4
10	0 58 53	14 20 06	0 10	0 30	0 51	3
11	0 58 51	13 56 59	1 31	0 34	0 50	2
12	0 58 49	13 34 11	2 38	0 38	0 50	1
13	0 58 48	13 13 05	3 28	0 42	0 49	0
14	0 58 46	12 54 27	4 03	0 46	0 48	0
15	0 58 44	12 38 30	4 24	0 49	0 47	1
16	0 58 42	12 25 09	4 32	0 52	0 46	2
17	0 58 41	12 14 06	4 31	0 55	0 45	2
18	0 58 39	12 05 04	4 19	0 58	0 44	3
19	0 58 37	11 57 50	3 59	1 01	0 43	4
20	0 58 35	11 52 19	3 29	1 04	0 42	5
21	0 58 33	11 48 39	2 51	1 07	0 41	5
22	0 58 31	11 47 05	2 04	1 09	0 40	6
23	0 58 30	11 48 02	1 11	1 12	0 39	7
24	0 58 28	11 52 02	0 14	1 14	0 38	7
25	0 58 26	11 59 36	0 46	1 16	0 37	8
26	0 58 23	12 11 12	1 45	1 18	0 35	8
27	0 58 21	12 27 08	2 41	1 21	0 34	9
28	0 58 19	12 47 23	3 32	1 23	0 33	10
29	0 58 17	13 11 30	4 15	1 25	0 31	10
30	0 58 15	13 38 24	4 49	1 27	0 30	11

MAY

D	☉	☽	☽ Dec.	☿	♀	♂
	° ′ ″	° ′ ″	° ′	° ′	° ′	′
1	0 58 13	14 06 16	5 11	1 29	0 28	11
2	0 58 11	14 32 34	5 17	1 31	0 26	12
3	0 58 09	14 54 23	5 02	1 33	0 25	12
4	0 58 07	15 08 53	4 23	1 35	0 23	13
5	0 58 05	15 14 06	3 20	1 37	0 21	14
6	0 58 04	15 09 24	1 57	1 39	0 19	14
7	0 58 02	14 55 42	0 25	1 40	0 18	15
8	0 58 01	14 35 06	1 05	1 42	0 16	15
9	0 57 59	14 10 19	2 22	1 44	0 14	15
10	0 57 58	13 44 01	3 21	1 46	0 11	16
11	0 57 57	13 18 25	4 00	1 48	0 09	16
12	0 57 55	12 55 08	4 23	1 50	0 07	17
13	0 57 54	12 35 05	4 33	1 52	0 05	17
14	0 57 53	12 18 42	4 32	1 54	0 03	18
15	0 57 52	12 06 03	4 22	1 56	0 00	18
16	0 57 50	11 56 55	4 03	1 58	0 02	19
17	0 57 49	11 50 59	3 35	2 00	0 04	19
18	0 57 48	11 47 54	3 00	2 02	0 07	19
19	0 57 47	11 47 21	2 16	2 03	0 09	20
20	0 57 45	11 49 09	1 24	2 05	0 12	20
21	0 57 44	11 53 10	0 28	2 06	0 14	21
22	0 57 43	11 59 27	0 32	2 08	0 17	21
23	0 57 41	12 08 08	1 31	2 09	0 19	21
24	0 57 40	12 19 25	2 27	2 10	0 21	22
25	0 57 38	12 33 30	3 17	2 11	0 23	22
26	0 57 37	12 50 28	4 00	2 12	0 25	22
27	0 57 36	13 10 11	4 33	2 12	0 28	23
28	0 57 34	13 32 09	4 56	2 12	0 29	23
29	0 57 33	13 55 22	5 06	2 12	0 31	23
30	0 57 31	14 18 18	5 00	2 11	0 33	24
31	0 57 30	14 38 54	4 34	2 11	0 34	24

JUNE

D	☉	☽	☽ Dec.	☿	♀	♂
	° ′ ″	° ′ ″	° ′	° ′	° ′	′
1	0 57 29	14 54 51	3 45	2 10	0 35	24
2	0 57 27	15 03 57	2 35	2 08	0 36	25
3	0 57 26	15 04 41	1 07	2 07	0 37	25
4	0 57 25	14 56 37	0 27	2 05	0 37	25
5	0 57 25	14 40 33	1 54	2 03	0 38	25
6	0 57 24	14 18 22	3 04	2 01	0 38	26
7	0 57 23	13 52 34	3 54	1 59	0 37	26
8	0 57 22	13 25 42	4 24	1 57	0 37	26
9	0 57 22	13 00 00	4 38	1 55	0 36	26
10	0 57 21	12 37 08	4 38	1 52	0 35	27
11	0 57 21	12 18 12	4 28	1 50	0 34	27
12	0 57 20	12 03 43	4 10	1 48	0 33	27
13	0 57 20	11 53 50	3 44	1 45	0 31	27
14	0 57 19	11 48 22	3 10	1 43	0 30	28
15	0 57 19	11 46 57	2 28	1 40	0 28	28
16	0 57 19	11 49 05	1 39	1 38	0 26	28
17	0 57 18	11 54 13	0 43	1 35	0 24	28
18	0 57 18	12 01 48	0 16	1 33	0 21	29
19	0 57 17	12 11 20	1 17	1 30	0 19	29
20	0 57 17	12 22 21	2 14	1 27	0 17	29
21	0 57 16	12 34 36	3 07	1 25	0 14	29
22	0 57 16	12 47 51	3 51	1 22	0 12	29
23	0 57 15	13 02 03	4 25	1 20	0 10	30
24	0 57 15	13 17 09	4 48	1 17	0 07	30
25	0 57 14	13 33 04	4 59	1 14	0 05	30
26	0 57 13	13 49 30	4 55	1 11	0 03	30
27	0 57 13	14 05 53	4 36	1 08	0 00	30
28	0 57 12	14 21 15	3 57	1 05	0 02	31
29	0 57 12	14 34 11	2 59	1 02	0 04	31
30	0 57 12	14 43 05	1 42	0 59	0 06	31

JULY

D	☉	☽	☽ Dec.	☿	♀	♂
	° ′ ″	° ′ ″	° ′	° ′	° ′	′
1	0 57 11	14 46 20	0 13	0 56	0 09	31
2	0 57 11	14 42 45	1 16	0 53	0 11	31
3	0 57 11	14 32 00	2 36	0 49	0 13	32
4	0 57 11	14 14 47	3 37	0 46	0 15	32
5	0 57 11	13 52 42	4 18	0 42	0 17	32
6	0 57 11	13 27 59	4 40	0 38	0 19	32
7	0 57 11	13 02 56	4 45	0 34	0 20	32
8	0 57 12	12 39 38	4 38	0 30	0 22	32
9	0 57 12	12 19 43	4 21	0 26	0 24	33
10	0 57 12	12 04 13	3 55	0 21	0 26	33
11	0 57 13	11 53 43	3 22	0 17	0 27	33
12	0 57 14	11 48 23	2 42	0 12	0 29	33
13	0 57 14	11 48 04	1 55	0 08	0 30	33
14	0 57 15	11 52 20	1 02	0 03	0 32	33
15	0 57 15	12 00 32	0 03	0 02	0 33	33
16	0 57 16	12 11 51	0 58	0 07	0 34	34
17	0 57 16	12 25 20	1 58	0 12	0 35	34
18	0 57 17	12 39 58	2 53	0 16	0 37	34
19	0 57 17	12 54 45	3 41	0 21	0 38	34
20	0 57 17	13 08 55	4 19	0 25	0 39	34
21	0 57 18	13 21 54	4 45	0 29	0 40	34
22	0 57 18	13 33 31	4 58	0 33	0 41	34
23	0 57 19	13 43 50	4 56	0 36	0 42	35
24	0 57 19	13 53 06	4 38	0 39	0 43	35
25	0 57 19	14 01 34	4 04	0 41	0 44	35
26	0 57 20	14 09 15	3 12	0 43	0 45	35
27	0 57 20	14 15 47	2 04	0 44	0 46	35
28	0 57 21	14 20 23	0 43	0 44	0 47	35
29	0 57 21	14 21 57	0 42	0 43	0 47	35
30	0 57 22	14 19 20	2 02	0 41	0 48	36
31	0 57 22	14 11 43	3 10	0 39	0 49	36

AUGUST

D	☉	☽	☽ Dec.	☿	♀	♂
	° ′ ″	° ′ ″	° ′	° ′	° ′	′
1	0 57 23	13 58 57	4 01	0 36	0 50	36
2	0 57 24	13 41 38	4 32	0 32	0 50	36
3	0 57 25	13 21 10	4 46	0 28	0 51	36
4	0 57 26	12 59 22	4 45	0 23	0 52	36
5	0 57 27	12 38 11	4 31	0 17	0 52	36
6	0 57 28	12 19 22	4 08	0 11	0 53	36
7	0 57 30	12 04 16	3 36	0 05	0 53	37
8	0 57 31	11 53 54	2 57	0 02	0 54	37
9	0 57 32	11 48 47	2 12	0 09	0 55	37
10	0 57 34	11 49 08	1 20	0 15	0 55	37
11	0 57 35	11 54 49	0 24	0 22	0 56	37
12	0 57 36	12 05 21	0 35	0 29	0 56	37
13	0 57 38	12 19 56	1 36	0 36	0 57	37
14	0 57 39	12 37 27	2 33	0 43	0 57	37
15	0 57 41	12 56 27	3 26	0 50	0 57	37
16	0 57 42	13 15 20	4 09	0 57	0 58	38
17	0 57 43	13 32 32	4 41	1 03	0 58	38
18	0 57 45	13 46 46	4 59	1 09	0 59	38
19	0 57 46	13 57 17	5 02	1 15	0 59	38
20	0 57 47	14 04 00	4 47	1 21	1 00	38
21	0 57 48	14 07 25	4 14	1 26	1 00	38
22	0 57 49	14 08 22	3 25	1 31	1 00	38
23	0 57 51	14 07 44	2 19	1 36	1 01	38
24	0 57 52	14 06 05	1 03	1 40	1 01	38
25	0 57 53	14 03 33	0 18	1 43	1 01	39
26	0 57 54	13 59 51	1 36	1 47	1 02	39
27	0 57 56	13 54 21	2 45	1 49	1 02	39
28	0 57 57	13 46 23	3 39	1 52	1 02	39
29	0 57 58	13 35 31	4 16	1 53	1 03	39
30	0 58 00	13 21 44	4 37	1 55	1 03	39
31	0 58 01	13 05 38	4 43	1 56	1 03	39

SEPTEMBER

D	☉	☽	☽ Dec.	☿	♀	♂
	° ′ ″	° ′ ″	° ′	° ′	° ′	′
1	0 58 03	12 48 14	4 36	1 57	1 03	39
2	0 58 05	12 30 53	4 17	1 57	1 04	39
3	0 58 06	12 15 00	3 48	1 57	1 04	39
4	0 58 08	12 01 54	3 11	1 57	1 04	39
5	0 58 10	11 52 41	2 27	1 57	1 04	40
6	0 58 12	11 48 10	1 37	1 56	1 05	40
7	0 58 14	11 48 54	0 43	1 56	1 05	40
8	0 58 16	11 55 07	0 14	1 55	1 05	40
9	0 58 18	12 06 43	1 12	1 54	1 05	40
10	0 58 21	12 23 11	2 09	1 53	1 06	40
11	0 58 23	12 43 36	3 03	1 52	1 06	40
12	0 58 25	13 06 30	3 50	1 51	1 06	40
13	0 58 27	13 30 00	4 29	1 50	1 06	40
14	0 58 29	13 51 55	4 55	1 49	1 07	40
15	0 58 30	14 10 06	5 05	1 48	1 07	41
16	0 58 32	14 22 56	4 58	1 47	1 07	41
17	0 58 34	14 29 36	4 30	1 46	1 07	41
18	0 58 36	14 30 17	3 43	1 45	1 07	41
19	0 58 38	14 26 01	2 39	1 44	1 08	41
20	0 58 40	14 18 15	1 22	1 43	1 08	41
21	0 58 41	14 08 23	0 01	1 42	1 08	41
22	0 58 43	13 57 34	1 18	1 41	1 08	41
23	0 58 45	13 46 24	2 26	1 40	1 08	41
24	0 58 46	13 35 05	3 21	1 39	1 08	41
25	0 58 48	13 23 31	4 01	1 38	1 09	41
26	0 58 50	13 11 28	4 25	1 37	1 09	42
27	0 58 51	12 58 48	4 36	1 36	1 09	42
28	0 58 53	12 45 34	4 34	1 35	1 09	42
29	0 58 55	12 32 06	4 20	1 34	1 09	42
30	0 58 57	12 19 01	3 55	1 33	1 09	42

OCTOBER

D	☉	☽	☽ Dec.	☿	♀	♂
	° ′ ″	° ′ ″	° ′	° ′	° ′	′
1	0 58 59	12 07 05	3 22	1 33	1 09	42
2	0 59 01	11 57 10	2 40	1 32	1 10	42
3	0 59 04	11 50 11	1 52	1 31	1 10	42
4	0 59 06	11 46 55	1 00	1 30	1 10	42
5	0 59 08	11 48 03	0 04	1 29	1 10	42
6	0 59 10	11 54 06	0 52	1 28	1 10	42
7	0 59 13	12 05 19	1 48	1 28	1 10	42
8	0 59 15	12 21 38	2 40	1 27	1 10	43
9	0 59 17	12 42 34	3 28	1 26	1 11	43
10	0 59 20	13 07 07	4 08	1 25	1 11	43
11	0 59 22	13 33 39	4 40	1 24	1 11	43
12	0 59 24	13 59 56	4 59	1 23	1 11	43
13	0 59 26	14 23 24	5 02	1 22	1 11	43
14	0 59 29	14 41 30	4 46	1 21	1 11	43
15	0 59 31	14 52 19	4 07	1 20	1 11	43
16	0 59 33	14 54 58	3 07	1 19	1 11	43
17	0 59 35	14 49 50	1 50	1 18	1 12	43
18	0 59 37	14 38 18	0 24	1 16	1 12	43
19	0 59 38	14 22 20	1 00	1 15	1 12	43
20	0 59 40	14 03 57	2 13	1 13	1 12	43
21	0 59 42	13 44 51	3 11	1 12	1 12	44
22	0 59 43	13 26 17	3 52	1 10	1 12	44
23	0 59 45	13 08 58	4 18	1 08	1 12	44
24	0 59 47	12 53 13	4 30	1 06	1 12	44
25	0 59 48	12 39 07	4 30	1 03	1 12	44
26	0 59 50	12 26 35	4 20	1 01	1 12	44
27	0 59 52	12 15 32	3 59	0 58	1 12	44
28	0 59 54	12 05 58	3 29	0 55	1 13	44
29	0 59 56	11 58 01	2 51	0 51	1 13	44
30	0 59 58	11 51 54	2 05	0 47	1 13	44
31	1 00 00	11 48 02	1 14	0 43	1 13	44

NOVEMBER

D	☉	☽	☽ Dec.	☿	♀	♂
	° ′ ″	° ′ ″	° ′	° ′	° ′	′
1	1 00 02	11 46 52	0 19	0 38	1 13	44
2	1 00 04	11 48 56	0 37	0 32	1 13	44
3	1 00 06	11 54 44	1 31	0 26	1 13	44
4	1 00 08	12 04 42	2 22	0 19	1 13	45
5	1 00 10	12 19 06	3 08	0 12	1 13	45
6	1 00 12	12 37 57	3 48	0 04	1 13	45
7	1 00 14	13 00 50	4 21	0 05	1 13	45
8	1 00 16	13 26 50	4 44	0 14	1 13	45
9	1 00 18	13 54 22	4 55	0 24	1 13	45
10	1 00 20	14 21 09	4 50	0 34	1 14	45
11	1 00 22	14 44 31	4 25	0 44	1 14	45
12	1 00 24	15 01 41	3 37	0 54	1 14	45
13	1 00 25	15 10 26	2 27	1 02	1 14	45
14	1 00 27	15 09 40	1 01	1 10	1 14	45
15	1 00 29	14 59 42	0 30	1 16	1 14	45
16	1 00 30	14 42 08	1 53	1 20	1 14	45
17	1 00 31	14 19 26	3 00	1 21	1 14	45
18	1 00 33	13 54 16	3 48	1 20	1 14	45
19	1 00 34	13 28 59	4 17	1 16	1 14	45
20	1 00 35	13 05 24	4 31	1 09	1 14	45
21	1 00 36	12 44 38	4 32	1 01	1 14	46
22	1 00 37	12 27 16	4 22	0 51	1 14	46
23	1 00 38	12 13 25	4 03	0 40	1 14	46
24	1 00 40	12 02 54	3 36	0 28	1 14	46
25	1 00 41	11 55 27	3 00	0 16	1 14	46
26	1 00 42	11 50 41	2 17	0 05	1 14	46
27	1 00 43	11 48 17	1 28	0 06	1 14	46
28	1 00 45	11 48 03	0 34	0 16	1 14	46
29	1 00 46	11 49 54	0 22	0 25	1 14	46
30	1 00 47	11 53 54	1 17	0 33	1 14	46

DECEMBER

D	☉	☽	☽ Dec.	☿	♀	♂
	° ′ ″	° ′ ″	° ′	° ′	° ′	′
1	1 00 49	12 00 15	2 09	0 41	1 15	46
2	1 00 50	12 09 17	2 55	0 47	1 15	46
3	1 00 51	12 21 18	3 35	0 53	1 15	46
4	1 00 52	12 36 36	4 06	0 58	1 15	46
5	1 00 54	12 55 17	4 30	1 03	1 15	46
6	1 00 55	13 17 08	4 43	1 07	1 15	46
7	1 00 56	13 41 27	4 44	1 10	1 15	46
8	1 00 58	14 06 56	4 30	1 13	1 15	46
9	1 00 59	14 31 33	3 56	1 15	1 15	46
10	1 01 00	14 52 41	3 00	1 17	1 15	46
11	1 01 01	15 07 34	1 44	1 19	1 15	47
12	1 01 02	15 13 44	0 14	1 21	1 15	47
13	1 01 03	15 09 53	1 17	1 22	1 15	47
14	1 01 04	14 56 15	2 37	1 24	1 15	47
15	1 01 04	14 34 36	3 38	1 25	1 15	47
16	1 01 05	14 07 47	4 17	1 26	1 15	47
17	1 01 05	13 38 56	4 36	1 26	1 15	47
18	1 01 05	13 10 51	4 39	1 27	1 15	47
19	1 01 05	12 45 36	4 30	1 28	1 15	47
20	1 01 06	12 24 30	4 12	1 28	1 15	47
21	1 01 06	12 08 09	3 45	1 29	1 15	47
22	1 01 06	11 56 39	3 10	1 29	1 15	47
23	1 01 06	11 49 43	2 29	1 30	1 15	47
24	1 01 07	11 46 50	1 42	1 30	1 15	47
25	1 01 07	11 47 24	0 49	1 30	1 15	47
26	1 01 07	11 50 44	0 06	1 31	1 15	47
27	1 01 07	11 56 13	1 02	1 31	1 15	47
28	1 01 07	12 03 21	1 56	1 31	1 15	47
29	1 01 08	12 11 45	2 44	1 32	1 15	47
30	1 01 08	12 21 18	3 25	1 32	1 15	47
31	1 01 08	12 32 04	3 58	1 32	1 15	47

JANUARY

1 Su	00 25	☽□♇	B
	06 06	☿□♂	
	06 15	☽□☉	B
	07 04	♀±♂	
	07 34	☽#♄	B
	08 18	☉Q♄	
	13 39	☽∠♆	b
	15 03	☽⚹♀	G
	18 22	☽∥♃	G
2 Mo	04 56	☽△☿	G
	05 46	☽#♆	D
	16 10	♀∠♅	
	19 01	☽☍♄	B
	20 07	☽⚹♆	G
	22 16	☽♉	
	23 14	☽☌♃	G
3 Tu	00 03	☽⊻♅	g
	09 46	☽⚼♂	b
	13 19	☽△♇	G
	15 22	☽⚼☿	b
	17 04	☽#♀	G
4 We	00 43	☽△☉	G
	00 50	☉∥☿	
	06 30	☽∠♅	b
	09 54	☽#♇	D
	10 49	☽□♀	B
	16 38	☽△♂	G
	19 40	☽⚼♇	b
	20 17	♀Q♃	
	23 12	☉∠♆	
5 Th	08 46	☽□♆	B
	09 38	☽⚼☉	b
	10 44	☽♊	
	11 51	☽⊻♃	g
	12 36	☽⚹♅	G
6 Fr	13 34	☽⚼♄	b
	16 08	☽#☉	G
	17 26	☽∠♃	b
7 Sa	04 40	☽△♀	G
	04 44	☽□♂	B
	05 27	♀⊽♂	
	08 13	☿⚹♄	
	08 33	☽#☉	G
	15 15	☿⚹♆	
	18 35	☽△♄	G
	19 21	☽△♆	G
	19 52	☽☍☿	B
	21 05	☽♋	
	22 20	☽⚹♃	G
	22 58	☽□♅	B
8 Su	03 37	♀∠♇	
	06 34	☿♑	
	11 23	☽☍♇	B
	12 11	☽⚼♀	b
	18 05	☿△♃	
	23 23	☿□♅	
	23 33	☽⚼♆	b
9 Mo	06 55	☽#♇	D
	07 30	☽☍☉	B
	13 48	☽⚹♂	G
	21 55	☉Q♅	
10 Tu	02 25	☽□♄	B
	04 10	♀⊥♅	
	04 35	☽☊	
	05 58	☽□♃	B
	06 29	☽△♅	G
	16 53	☽#♀	G
	17 14	☽∠♂	b
11 We	05 54	☽#♆	D
	09 18	☽⚼♅	b
	11 10	☉⊥♀	
	14 24	☽∥♃	G
	16 11	☽⚼☿	b
	20 06	☽⊻♂	g
	20 59	☽⚼♇	b
	23 58	☽#♄	B
12 Th	05 28	☽☍♀	B
	07 49	☽⚹♄	G
	08 23	☽☍♆	B
	09 44	☽♍	
	11 18	☽△♃	G
	13 05	☽∥♂	B
	21 33	☽△☿	G
	22 05	☽⚼☉	b
	23 12	☽△♇	G
13 Fr	04 46	☉△♂	
	09 05	♀△♄	
	09 55	☽∠♄	b
	13 03	☿☌♇	
	13 23	☽⚼♃	b
	15 17	♀☌♆	
	15 57	☽#♅	B
	17 46	☽∥♅	B
14 Sa	00 36	☽☌♂	B
	01 47	☉⊥♆	
	01 58	☽△☉	G
	05 47	♀♓	
	11 45	☽⊻♄	g
	13 28	☽♎	
	15 28	☽☍♅	B
	20 10	☽#♂	B
15 Su	02 47	♀⚹♃	
	02 50	☽□♇	B
	05 15	♀⊻♅	
	07 15	☽□☿	B
	09 23	☽∥♄	B
	13 55	☽⚼♆	b
	17 14	☿Q♄	
	18 12	☽⚼♀	b
	19 02	☽#♃	G
	21 49	♀∥♆	
16 Mo	01 58	☽∥♀	G
	02 23	☽∥♆	D
	04 11	☽⊻♂	g
	09 08	☽□☉	B
	15 00	☽☌♄	B
	15 28	☽△♆	G
	16 33	☽♏	
	18 34	☽☍♃	B
	22 05	☽△♀	G
17 Tu	05 49	☽∠♂	b
	05 58	☽⚹♇	G
	16 24	☽⚹☿	G
	20 10	☽⚼♅	b
	21 56	☿∠♆	
	22 56	☽∥♇	D
18 We	00 12	♃⊻♅	
	07 24	☽⚹♂	G
	07 29	☽∠♇	b
	11 00	☽∥☉	G
	16 00	☽⚹☉	G
	18 03	☽⊻♄	g
	18 31	☽□♆	B
	18 33	♀#♃	
	19 29	☽♐	
	20 59	☽∠☿	b
	21 41	☽△♅	G
19 Th	05 47	☽□♀	B
	09 02	☽⊻♇	g
	19 31	☽∠☉	b
	19 38	☽∠♄	b
	21 18	☉□♄	
	23 27	☽⚼♃	b
20 Fr	01 41	☽⊻☿	g
	03 55	☉⊻♆	
	10 41	☽□♂	B
	16 10	☉♒	
	20 32	♀⚹♇	
	21 21	☽⚹♄	G
	21 49	☽⚹♆	G
	22 40	☽♑	
	23 11	☽⊻☉	g
21 Sa	01 02	☽□♅	B
	01 17	☽△♃	G
	02 45	☿Q♅	
	12 31	☽☌♇	D
	14 00	☽⚹♀	G
	23 48	☽∠♆	b
22 Su	01 15	☽∥☉	G
	01 20	☉⚹♅	
	06 03	☽∥♇	D
	06 35	☉□♃	
	12 02	☽☌☿	G
	14 42	☽△♂	G
	18 40	☽∠♀	b
	21 20	♀∥♄	
23 Mo	01 38	☽□♄	B
	02 08	☽⊻♆	g
	02 53	☽♒	
	05 27	☽⚹♅	G
	05 56	☽□♃	B
	07 39	☽☌☉	D
	11 15	☿△♂	
	17 17	☽⚼♂	b
	17 19	☽⊻♇	g
	19 01	☿⊥♆	
	23 57	☽⊻♀	g
24 Tu	00 53	♂Stat	
	05 10	☽∥♆	D
	08 24	☽∠♅	b
	09 20	☉∥♇	
	10 56	☽#♃	G
	20 33	☽∠♇	b
	22 32	☽∥♄	B
25 We	01 04	☽⊻☿	g
	04 30	☽∥♀	G
	07 59	☽△♄	G
	08 33	☽☌♆	D
	09 11	☽♓	
	12 02	☽⊻♅	g
	12 47	☽⚹♃	G
	12 48	☽#♂	B
	18 54	☽⊻☉	g
26 Th	00 30	☽⚹♇	G
	03 03	♀⚼♄	
	09 10	☽∠☿	b
	12 15	☽⚼♄	b
	13 12	☽☌♀	G
	17 22	☽∠♃	b
	19 23	☽∥♅	B
	19 36	☽#♅	B
27 Fr	01 57	☽∠☉	b
	04 52	☽☍♂	B
	09 19	☿□♄	
	14 21	☿⊻♆	
	17 58	☽⊻♆	g
	18 12	☿♒	
	18 28	☽♈	
	18 30	☽⚹☿	G
	21 39	☽☌♅	B
	22 46	☽⊻♃	g
28 Sa	03 41	☽∥♂	B
	03 48	☽#♀	G
	04 41	♀#♂	
	10 01	☽⚹☉	G
	10 47	☽□♇	B
	12 05	☉⚼♂	
	12 37	♀∠♃	
	18 26	☿⚹♅	
	18 31	☽#♄	B
	19 28	☉⊻♇	
	23 47	☽∠♆	b
29 Su	04 08	☿□♃	
	06 31	☽⊻♀	g
	08 22	☽∥♃	G
	13 11	☽#♆	D
30 Mo	05 21	☽☍♄	B
	06 08	☽⚹♆	G
	06 28	☽♉	
	09 58	☽⊻♅	g
	11 29	☽☌♃	G
	16 14	☽□☿	B
	16 16	☽∠♀	b
	16 47	☿∠♀	
	22 17	☽⚼♂	b
	23 25	☽△♇	G
31 Tu	02 52	♀Q♇	
	03 56	☽#☉	G
	04 10	☽□☉	B
	16 32	☽∠♅	b
	19 42	☽#♇	D

FEBRUARY

1 We	02 08	☽⚹♀	G
	04 28	☽△♂	G
	05 55	☽⚼♇	b
	07 18	☽#☿	G
	08 52	☿⚼♂	
	19 06	☽□♆	B
	19 14	☽♊	
	19 38	☿⊻♇	
	22 54	☽⚹♅	G
	23 41	♀☍♂	
2 Th	00 47	☽⊻♃	g
	14 41	☽△☿	G
	18 01	♀±♄	
	22 01	☽△☉	G
3 Fr	00 02	☽⚼♄	b
	06 45	☽∠♃	b
	15 24	☽□♂	B
	17 09	☿∥♇	
	19 03	♆♓	
	20 03	☽□♀	B
	21 48	☉⊥♇	
4 Sa	00 39	☽⚼☿	b
	05 06	☽△♄	G
	05 41	☽⚼☉	b
	06 04	☽♋	
	06 06	☽△♆	G
	09 44	☽□♅	B
	11 53	☽⚹♃	G
	22 07	☽☍♇	B
5 Su	09 18	☿⊥♇	
	10 18	☽⚼♆	b
	12 10	☉±♂	
	15 44	☽#♇	D
	22 09	♀⊥♃	
	23 01	☽⚹♂	G
6 Mo	01 34	☽#☿	G
	05 25	☿±♂	
	09 28	☽△♀	G
	10 04	☉∠♅	
	12 31	☽□♄	B
	13 24	☽☊	
	17 00	☽△♅	G
	19 02	☽#☉	G
	19 23	☽□♃	B
	20 01	☿∠♅	
7 Tu	01 30	☽∠♂	b
	09 02	☉☌☿	
	14 03	♄Stat	
	14 28	☽⚼♀	b
	16 19	☽#♆	D
	17 35	☽∥♃	G
	19 23	☽⚼♅	b
	20 00	♀⊽♄	
	21 54	☽☍☉	B
	22 41	☽☍☿	B
8 We	03 13	☽⊻♂	g
	06 01	♀♈	
	06 37	☽⚼♇	b
	07 51	☽#♄	B
	09 30	♀⊻♆	
	16 34	☽∥♂	B
	16 42	☽⚹♄	G
	17 32	☽♍	
	17 51	☽☍♆	B
	18 19	♀#♅	
	23 45	☽△♃	G
9 Th	07 09	☿⊽♂	
	08 08	☽△♇	G
	11 51	☿Q♃	
	13 14	♀∥♅	
	18 01	☽∠♄	b
	22 36	☽∥♀	G
	23 28	☽∥♅	B
10 Fr	01 13	☽⚼♃	b
	01 26	☽#♅	B
	02 29	♀☌♅	
	02 42	☽#♀	G
	05 11	☽☌♂	B
	11 30	☉⊽♂	
	13 46	☿∠♇	
	19 04	☽⊻♄	g
	19 54	☽♎	
	23 36	☽☍♅	B
11 Sa	01 24	☽☍♀	B
	07 31	☽⚼☉	b
	08 03	☉Q♃	
	09 21	☽#♂	B
	10 23	☽□♇	B
	11 16	♃#♆	
	13 17	☽⚼☿	b
	16 28	☽∥♄	B
	16 34	♀⊻♃	
	21 25	☽⚼♆	b
12 Su	00 27	☿⊥♅	
	06 26	☽⊻♂	g
	07 20	☽∥♆	D
	07 37	☽#♃	G
	10 27	☽△☉	G
	17 09	☽∥☉	G
	17 59	☽△☿	G

	18 49	☽∥☿	G
	21 09	☽☌♄	B
	22 01	☽♏	
	22 36	☽△♆	G
13	01 22	☉∠♇	
Mo	05 12	☽☍♃	B
	07 10	☽∠♂	b
	12 45	☽✱♇	G
	16 10	☉∥☿	
	16 22	♀⊥♆	
	18 44	☿△♄	
14	01 38	☿♓	
Tu	03 22	☽⚼♅	b
	05 50	☽∥♇	D
	06 47	☿☌♆	
	08 07	☽✱♂	G
	11 47	☽⚼♀	b
	14 17	☽∠♇	b
	17 04	☽□☉	B
15	00 01	☽⊻♄	g
We	00 56	☽♐	
	01 40	☽□♆	B
	04 28	☽□☿	B
	05 06	☽△♅	G
	07 02	☿⊥♀	
	09 25	☿⊻♅	
	11 13	☿#♃	
	15 53	☽△♀	G
	16 06	☽⊻♇	g
	17 50	☉⊥♅	
	18 32	♀□♇	
	19 53	☿∥♆	
16	00 42	♂⚼♃	
Th	01 53	☽∠♄	b
	10 47	☽□♂	B
	11 07	☽⚼♃	b
	16 07	☿✱♃	
17	01 08	☽✱☉	G
Fr	04 03	☽✱♄	G
	05 01	☉#♃	
	05 03	☽♑	
	05 57	☽✱♆	G
	09 30	☽□♅	B
	13 44	☽△♃	G
	16 51	☽✱☿	G
	20 41	☽☌♇	D
18	01 17	☽□♀	B
Sa	05 45	☽∠☉	b
	08 32	☉∥♆	
	08 34	☽∠♆	b
	12 34	☽∥♇	D
	14 33	☽△♂	G
	16 02	☉△♄	
	21 23	☿✱♇	
	23 48	☽∠☿	b
19	06 18	☉♓	
Su	09 22	☽□♄	B
	10 28	☽♒	
	10 49	☽⊻☉	g
	11 32	☽⊻♆	g
	15 15	☽✱♅	G
	16 10	☿∥♄	
	16 53	☽⚼♂	b
	20 02	☽□♃	B
	20 41	☉☌♆	
20	02 16	☿#♂	
Mo	02 38	☽⊻♇	g
	07 20	☽⊻☿	g
	11 41	☽#♃	G

	12 28	☽✱♀	G
	15 12	☽∥♆	D
	18 43	☽∠♅	b
	19 57	☽∥☉	G
21	06 15	☽∠♇	b
Tu	07 32	☽∥♄	B
	08 21	☽#♂	B
	16 12	☽∥☿	G
	16 17	☽△♄	G
	17 20	♀∠♆	
	17 31	☽♓	
	18 47	☽☌♆	D
	18 55	☽∠♀	b
	19 02	☽#♀	G
	20 36	☿⚼♄	
	22 35	☽☌☉	D
	22 41	☽⊻♅	g
	23 58	☉⊻♅	
22	02 55	☿#♀	
We	04 09	☽✱♃	G
	07 59	♂#♄	
	10 23	☽✱♇	G
	20 31	☽⚼♄	b
23	00 35	☽☌☿	G
Th	02 03	☽#♅	B
	02 08	☽⊻♀	g
	02 24	☽☍♂	B
	04 25	♀▽♂	
	06 58	☽∥♅	B
	09 06	☽∠♃	b
	11 25	☿☍♂	
24	02 48	☽♈	
Fr	04 01	☿⊻♀	
	04 18	☽⊻♆	g
	05 59	☽#☿	G
	08 26	☽☌♅	B
	13 14	☽⊻☉	g
	14 43	☽⊻♃	g
	20 31	☽□♇	B
	23 48	☽∥♀	G
25	02 47	☽#♄	B
Sa	05 23	☽∥♂	B
	06 06	☽#☉	G
	10 00	☽∠♆	b
	10 32	☉✱♃	
	11 39	☉#♂	
	15 34	☿Q♇	
	18 56	☿∠♃	
	19 00	☽☌♀	G
	20 21	☽#♆	D
	21 16	☽⊻☿	g
	21 45	☽∠☉	b
26	00 35	♀#♄	
Su	02 46	☽∥♃	G
	09 02	☉#♀	
	12 52	☽☍♄	B
	14 29	☽♉	
	16 14	☽✱♆	G
	16 37	☽⚼♂	b
	20 35	☽⊻♅	g
	21 06	☉∥♄	
	22 07	☿±♄	
27	03 43	☽☌♃	G
Mo	03 57	♀±♂	
	06 53	☽✱☉	G
	08 32	☽∠☿	b
	08 55	☽△♇	G
	16 53	♀∥♂	
	22 08	☽△♂	G

28	03 13	☽∠♅	b
Tu	05 57	☽#♇	D
	07 15	☉✱♇	
	14 13	☽⊻♀	g
	15 29	☽⚼♇	b
	19 46	☽✱☿	G
29	03 27	☽♊	
We	05 23	☽□♆	B
	09 03	☿#♅	
	09 49	☽✱♅	G
	17 33	☽⊻♃	g
	23 44	☽∠♀	b

MARCH

1	01 21	☽□☉	B
Th	07 45	☽⚼♄	b
	08 53	☽□♂	B
	18 33	☿▽♄	
	23 55	☽∠♃	b
2	00 08	☿∥♅	
Fr	08 29	☽✱♀	G
	11 41	☿♈	
	13 14	☽△♄	G
	15 08	☽♋	
	15 33	☽□☿	B
	17 11	☽△♆	G
	21 29	☽□♅	B
	23 31	♂∠♄	
	23 45	♀#♆	
3	05 27	☽✱♃	G
Sa	08 10	☿⊻♆	
	08 46	☽☍♇	B
	16 58	☽△☉	G
	17 13	☿⊥♃	
	17 18	☽✱♂	G
	20 10	☉☍♂	
	21 47	☽⚼♆	b
4	00 01	☽#♇	D
Su	02 53	♀⚼♂	
	03 11	☉⚼♄	
	11 18	♀☍♄	
	20 09	☽∠♂	b
	21 20	☽□♄	B
	22 17	☽□♀	B
	22 53	☽⚼☉	b
	23 17	☽♌	
5	04 57	☽△☿	G
Mo	05 25	☽△♅	G
	10 25	♀♉	
	11 35	☿☌♅	
	13 20	☽□♃	B
	18 35	☽∥♃	G
	20 17	☽∥♀	G
	22 03	☽⊻♂	g
6	03 52	☽#♆	D
Tu	07 49	☽⚼♅	b
	08 48	☽∥♂	B
	09 09	☽⚼☿	b
	12 25	♀✱♆	
	14 38	♀∥♃	
	17 43	☽⚼♇	b
	19 18	☽#♄	B
7	01 27	☽✱♄	G
We	03 27	☽♍	
	05 30	☽☍♆	B
	06 52	☽△♀	G
	11 51	☽#☉	G
	15 38	☽∥☿	G
	17 17	☽△♃	G

	18 55	☽△♇	G
	23 28	☽☌♂	B
8	00 02	☉∠♀	
Th	02 21	☽∠♄	b
	06 40	☽∥♅	B
	09 39	☽☍☉	B
	09 43	☽⚼♀	b
	13 35	☽#♅	B
	13 56	☉#☿	
	17 13	♀⊻♅	
	18 15	☽⚼♃	b
9	02 46	☽⊻♄	g
Fr	04 50	☽♎	
	05 05	☽∥☉	G
	07 24	☽#☿	G
	10 45	☽☍♅	B
	15 01	☽☍☿	B
	19 53	☽□♇	B
	23 03	☽⊻♂	g
	23 40	☽∥♄	B
10	07 15	☽⚼♆	b
Sa	12 35	☽#♂	B
	14 15	☽∥♆	D
	22 43	☽∠♂	b
11	01 00	☽#♃	G
Su	03 09	☽☌♄	B
	05 24	☽♏	
	07 38	☽△♆	G
	11 41	☽#♀	G
	12 16	☉Q♇	
	15 46	☿⊻♀	
	15 58	☽⚼☉	b
	16 31	☽☍♀	B
	20 13	☽☍♃	B
	20 38	☽✱♇	G
	22 33	☽✱♂	G
12	07 49	☿Stat	
Mo	12 15	☽⚼♅	b
	13 59	☽∥♇	D
	17 13	☽⚼☿	b
	17 16	☉±♄	
	18 30	☽△☉	G
	21 26	☽∠♇	b
13	01 03	♂#♆	
Tu	04 23	☽⊻♄	g
	04 43	♃△♇	
	06 53	☽♐	
	09 19	☽□♆	B
	13 25	☽△♅	G
	18 09	☽△☿	G
	22 43	☽⊻♇	g
	23 23	☽□♂	B
14	01 27	♀△♇	
We	05 42	☽∠♄	b
	05 54	♀☌♃	
	07 27	♀△♂	
	09 51	♂△♃	
	14 15	♀⊥♅	
	21 13	☉∠♃	
15	00 24	♂△♇	
Th	01 10	☽⚼♃	b
	01 25	☽□☉	B
	02 29	☽⚼♀	b
	07 34	☽✱♄	G
	10 24	☽♑	
	13 04	☽✱♆	G
	17 26	☽□♅	B
	20 53	☽□☿	B
16	02 18	☽△♂	G

Fr	03 00	☽☌♇
	04 00	☽△♃
	07 09	☿⊥♀
	07 11	☽△♀
	15 38	♃⊥♅
	15 49	☽∠♆
	16 22	☽∥♇
17	04 15	☽#♀
Sa	04 34	☽⚼♂
	11 12	☽✱☉
	13 00	☽□♄
	16 11	☽♒
	16 34	☉#♅
	19 07	☽⊻♆
	23 45	☽✱♅
18	00 46	☽✱☿
Su	02 00	♀Q♆
	06 41	☽#♃
	09 32	☽⊻♇
	09 35	☿⊥♃
	09 56	☉▽♄
	11 23	☽□♃
	17 06	☽∠☉
	17 22	☿☌♅
	18 39	☽□♀
	18 46	☽#♂
	22 40	☽∥♆
19	03 05	☽∠☿
Mo	03 43	☽∠♅
	13 34	☽∠♇
	16 15	☽∥♄
	20 31	☽△♄
	23 39	☽⊻☉
20	00 05	☽♓
Tu	03 17	☽☌♆
	05 14	☉♈
	05 41	☽⊻☿
	08 11	☽⊻♅
	13 44	☽#☿
	14 25	☽☍♂
	17 13	♀#♇
	18 06	☽✱♇
	20 55	☽✱♃
21	01 00	☽⚼♄
We	05 54	☽#♅
	08 16	☿∠♀
	08 39	☽✱♀
	09 07	☽#☉
	14 20	☽∥☉
	15 09	☿⊻♆
	17 11	☽∥♅
	19 21	☉☌☿
	23 24	☉⊻♆
22	02 28	☽∠♃
Th	05 29	☽∥☿
	09 57	☽♈
	11 50	☽☌☿
	13 25	☽⊻♆
	14 37	☽☌☉
	16 34	☽∠♀
	18 36	☽☌♅
23	01 24	☉∥♅
Fr	04 38	☽□♇
	07 23	☽#♄
	08 33	☽⊻♃
	13 22	☿♓
	18 25	♀∠♅
	19 13	☽∠♆
24	01 05	☽⊻♀

24 Sa	02 14	☽#♆	D
	04 36	☽⚼♂	b
	09 36	☽∥♂	B
	17 17	☽☍♄	B
	18 20	☉☌♅	
	19 29	☽⊻☿	g
	21 43	☽♉	
	23 08	☽∥♃	G
25 Su	01 27	☽⚹♆	G
	02 50	☉∥☿	
	06 55	☽⊻♅	g
	07 59	☽⊻☉	g
	10 13	☽△♂	G
	16 58	☽△♇	G
	22 02	☽☌♃	G
	23 53	☽∠☿	b
26 Mo	05 39	☉⊼♂	
	06 09	☿⊼♄	
	08 23	☉⊥♃	
	12 04	☿∥♅	
	13 33	☽∠♅	b
	15 03	☽#♇	D
	17 18	☽∠☉	b
	19 26	☽☌♀	G
	21 34	☿∠♃	
	23 32	☽⚼♇	b
27 Tu	04 34	☽⚹☿	G
	10 43	☽♊	
	14 39	☽□♆	B
	20 16	☽⚹♅	G
	22 04	☽□♂	B
28 We	02 38	☽⚹☉	G
	05 42	☉⊥♆	
	12 11	☽⚼♄	b
	12 12	☽⊻♃	g
	19 24	♄Q♇	
	20 51	♀⚼♇	
29 Th	13 36	☽⊻♀	g
	14 05	☽□☿	B
	17 43	☿⚹♀	
	18 05	☽△♄	G
	18 49	☽∠♃	b
	19 55	☉□♇	
	23 07	☽♋	
30 Fr	03 05	☽△♆	G
	08 38	☽□♅	B
	09 06	☽⚹♂	G
	17 48	☽☍♇	B
	19 41	☽□☉	B
	21 34	☽∠♀	b
31 Sa	00 41	☽⚹♃	G
	05 39	☉±♂	
	06 37	☽#♇	D
	08 16	☽⚼♆	b
	09 03	♂⊼♅	
	13 36	☽∠♂	b
	18 24	♀⊼♄	
	22 12	☽△☿	G
	23 56	☿#♅	
APRIL			
1 Su	03 33	☽□♄	B
	04 20	☽⚹♀	G
	08 35	☽♌	
	16 00	☽∥♃	G
	17 09	☽⊻♂	g
	17 43	☽△♅	G
2 Mo	01 13	☽⚼☿	b
	05 33	☽∥♂	B
	08 11	☽△☉	G
	09 18	☽□♃	B
	14 43	☽#♆	D
	20 38	☽⚼♅	b
3 Tu	03 34	☉⊻♃	
	04 30	☽⚼♇	b
	08 13	☽#♄	B
	08 57	☽⚹♄	G
	12 26	☽⚼☉	b
	13 47	☽□♀	B
	13 53	☽♍	
	15 18	♀♊	
	17 33	☽☍♆	B
	18 46	☽∥☉	G
	21 16	☽☌♂	B
4 We	06 01	☽△♇	G
	10 06	☽#☿	G
	10 10	☽∠♄	b
	10 12	☿Stat	
	13 35	☽△♃	G
	14 20	☽∥♅	B
	23 00	♃Q♆	
5 Th	02 50	☽#♅	B
	05 37	☽☍☿	B
	07 44	☽∥☿	G
	10 38	☽⊻♄	g
	14 28	☽⚼♃	b
	15 32	☽♎	
	18 41	☽△♀	G
	22 09	☽⊻♂	g
	23 54	☽☍♅	B
6 Fr	01 32	☽#☉	G
	01 49	♀□♆	
	06 51	☽□♇	B
	07 09	☽∥♄	B
	15 45	☉∠♆	
	18 59	♀±♄	
	19 05	☽⚼♆	b
	19 19	☽☍☉	B
	20 08	☽⚼♀	b
	21 53	☽∠♂	b
	23 14	☽∥♆	D
7 Sa	07 44	☽#♂	B
	10 15	☽☌♄	B
	13 48	♀±♇	
	15 17	☽♏	
	18 53	☽△♆	G
	21 31	☽⚹♂	G
	21 58	☽#♃	G
	23 36	♀□♂	
8 Su	06 21	☽⚼☿	b
	06 27	☽⚹♇	G
	08 07	☉⚼♂	
	15 08	☽☍♃	B
	23 42	☽⚼♅	b
9 Mo	00 00	☽∥♇	D
	03 54	☉#♄	
	06 25	☽∠♇	b
	06 56	☽△☿	G
	09 49	☽⊻♄	g
	15 12	☽♐	
	16 51	♀⚹♅	
	18 59	☽□♆	B
	21 22	☽□♂	B
10 Tu	00 02	☽△♅	G
	00 12	☽⚼☉	b
	00 27	☽☍♀	B
	06 49	☽⊻♇	g
	10 09	☽∠♄	b
	16 24	♇Stat	
11 We	02 21	☉∠♀	
	02 51	☽△☉	G
	10 06	☽□☿	B
	11 05	☽⚹♄	G
	17 02	☽♑	
	18 16	☽⚼♃	b
	21 07	☽⚹♆	G
	23 23	☽△♂	G
12 Th	02 33	☽□♅	B
	07 16	☿⊼♄	
	09 30	☽☌♇	D
	20 22	☽∥♇	D
	20 44	☽△♃	G
	23 16	☽∠♆	b
13 Fr	01 32	☽⚼♂	b
	10 09	☽⚼♀	b
	10 50	☽□☉	B
	15 12	☽□♄	B
	17 05	☽⚹☿	G
	21 48	☽♒	
	22 57	☽#♃	G
14 Sa	02 14	☽⊻♆	g
	03 53	♂Stat	
	08 07	☽⚹♅	G
	15 10	☽△♀	G
	15 16	☽⊻♇	g
	16 52	♀⊼♇	
	19 29	☽#♂	B
	22 11	☽∠☿	b
15 Su	04 10	☽□♃	B
	04 47	☽∥♆	D
	11 11	☽#☉	G
	12 05	☽∠♅	b
	18 26	☉☍♄	
	19 17	☽∠♇	b
	22 20	☽△♄	G
	22 42	☽⚹☉	G
16 Mo	00 56	☽∥♄	B
	04 21	☽⊻☿	g
	05 38	☽♓	
	10 25	☽☌♆	D
	12 44	☽☍♂	B
	16 28	♀⚼♄	
	16 44	☽⊻♅	g
	22 42	☿♈	
	23 58	☽⚹♇	G
17 Tu	02 55	☽⚼♄	b
	03 40	☽□♀	B
	05 55	☽∠☉	b
	06 41	☽∥☿	G
	07 58	☽#♅	B
	14 34	☽⚹♃	G
18 We	01 51	☽∥♅	B
	01 54	☽#☿	G
	02 47	☿#♅	
	13 44	☉#♆	
	13 52	☽⊻☉	g
	15 59	☽♈	
	19 28	☽☌☿	G
	20 39	☽∠♃	b
	21 04	☽⊻♆	g
19 Th	03 45	☽☌♅	B
	09 12	☽#♄	B
	10 57	☽□♇	B
	13 43	☿∠♃	
	15 05	☿⊻♆	
	16 12	☉♉	
	18 40	☽⚹♀	G
20 Fr	03 04	☽∠♆	b
	03 12	☽⊻♃	g
	05 42	☽⚼♂	b
	06 52	☽#♆	D
	11 02	☽∥☉	G
	15 08	☽∥♂	B
	19 35	☽☍♄	B
	22 15	☿⊼♂	
21 Sa	02 46	☽∠♀	b
	04 05	☽♉	
	07 18	☽☌☉	D
	09 24	☽⚹♆	G
	12 12	☽△♂	G
	13 31	☽⊻☿	g
	16 23	☽⊻♅	g
	20 06	☽∥♃	G
	23 25	☽△♇	G
22 Su	01 18	☉∥♂	
	09 18	☉⚹♆	
	11 06	☽⊻♀	g
	17 10	☽☌♃	G
	20 29	☿☌♅	
	22 19	☽#♇	D
	23 02	☽∠♅	b
	23 18	☽∠☿	b
23 Mo	05 56	☽⚼♇	b
	17 05	☽♊	
	22 33	☽□♆	B
24 Tu	00 59	☉△♂	
	01 46	☽□♂	B
	01 49	☽⊻☉	g
	05 42	☽⚹♅	G
	09 17	☽⚹☿	G
	14 26	☽⚼♄	b
	23 38	☿⊥♆	
25 We	03 36	☽☌♀	G
	07 21	☽⊻♃	g
	10 56	☽∠☉	b
	14 51	☿□♇	
	20 31	☽△♄	G
26 Th	03 12	☉⊻♅	
	05 42	☽♋	
	10 35	☿±♂	
	11 09	☽△♆	G
	13 59	☽∠♃	b
	14 50	☽⚹♂	G
	18 17	☽□♅	B
	19 31	☽⚹☉	G
27 Fr	00 31	☽☍♇	B
	00 53	☿∥♅	
	04 34	☽□☿	B
	10 33	♀Q♅	
	11 50	☽#♇	D
	16 41	☽⚼♆	b
	18 13	☽⊻♀	g
	19 59	☽⚹♃	G
	20 36	☽∠♂	b
28 Sa	07 05	☽□♄	B
	09 26	☽∥♃	G
	16 10	☽♌	
	18 02	☿⊥♃	
29 Su	00 08	☽∠♀	b
	01 32	☽⊻♂	g
	02 00	☽∥☉	G
	04 18	☽△♅	G
	09 34	☉△♇	
	09 57	☽□☉	B
	20 08	☽∥♂	B
	20 31	☽△☿	G
	23 37	☽#♆	D
30 Mo	04 55	☽⚹♀	G
	05 14	☽□♃	B
	07 55	☽⚼♅	b
	13 13	☽⚼♇	b
	14 17	☽⚹♄	G
	20 16	☽#♄	B
	20 54	♀⊻♃	
	23 02	☽♍	
MAY			
1 Tu	02 37	☽⚼☿	b
	04 00	☽☍♆	B
	08 27	☽☌♂	B
	10 11	☽∥☿	G
	15 30	☽△♇	G
	15 37	☿∠♆	
	16 25	☽∠♄	b
	19 34	☽△☉	G
	21 04	☽∥♅	B
2 We	10 21	☽△♃	G
	10 58	☽□♀	B
	15 15	☽#♅	B
	15 27	☉⊥♅	
	17 38	☽⊻♄	g
	22 37	☽⚼☉	b
3 Th	02 04	☽♎	
	06 46	☽#☿	G
	11 33	☽⚼♃	b
	11 33	☽⊻♂	g
	12 58	☽☍♅	B
	14 19	☽∥♄	B
	14 54	☿⚼♂	
	14 54	☿⊻♃	
	17 27	☽□♇	B
4 Fr	03 01	☿⚹♀	
	07 03	☽⚼♆	b
	08 59	☽∥♆	D
	09 44	☽#♂	B
	12 03	☽∠♂	b
	13 16	☽△♀	G
	14 10	☽☍☿	B
	18 02	☽☌♄	B
	23 43	☉Q♆	
5 Sa	02 20	☽♏	
	06 55	☽△♆	G
	12 10	☽⚹♂	G
	13 37	☽⚼♀	b
	15 12	☽#☉	G
	17 10	☽⚹♇	G
	18 28	♂#♆	
	18 43	☿#♄	
	20 4C	☽#♃	G
6 Su	01 07	☿☍♄	
	03 35	☽☍☉	B
	11 09	☽∥♇	D
	12 14	☽☍♃	B
	12 42	☽⚼♅	b
	15 57	☉⊥♀	
	16 47	☽∠♇	b
	17 10	☽⊻♄	g
7 Mo	01 39	☽♐	
	06 18	☽□♆	B
	12 18	☽□♂	B
	12 32	☽△♅	G
	16 34	☽⊻♇	g
	16 52	☽∠♄	b
	22 00	☽⚼☿	b
8	02 09	♃∠♅	

Tu	06 45	♂▽♅	
	14 39	☽☍♀	B
	16 58	☽✱♄	G
9 We	01 34	☽△☿	G
	02 00	☽♑	
	05 14	☿♉	
	06 54	☽✱♆	G
	08 50	☽⚼☉	b
	12 37	☉∥♃	
	13 32	☽□♅	B
	13 59	☽△♂	G
	14 01	☽⚼♃	b
	17 34	☽☌♇	D
10 Th	03 09	☽∥♇	D
	08 11	☽∠♆	b
	12 03	☽△☉	G
	15 04	☽#☉	G
	15 57	☽△♃	G
	15 58	☽⚼♂	b
	16 28	☿∥♂	
	16 45	☽#♃	G
	19 11	☽□♄	B
	21 59	☿✱♆	
11 Fr	05 03	☽♒	
	10 19	☽⊻♆	g
	12 03	☿#♆	
	12 12	☽□☿	B
	17 33	☽✱♅	G
	20 33	☽⚼♀	b
	21 37	☽⊻♇	g
12 Sa	08 08	☽#☿	G
	10 01	☉∠♅	
	11 35	☽∥♆	D
	16 20	☽#♂	B
	20 56	☽∠♅	b
	21 47	☽□☉	B
	22 40	☽□♃	B
13 Su	00 13	☽△♀	G
	00 52	☽△♄	G
	01 02	☽∠♇	b
	04 22	☿⊻♅	
	10 06	☽∥♄	B
	11 42	☽♓	
	13 23	☉☌♃	
	17 24	☽☌♆	D
	20 54	☿△♂	
14 Mo	01 15	☽⊻♅	g
	03 48	☽☍♂	B
	03 56	☿∠♀	
	04 50	☽✱☿	G
	05 04	☽⚼♄	b
	05 21	☽✱♇	G
	08 09	☿△♇	
	08 54	☉⊻♀	
	10 35	☽#♅	B
	12 55	☉▽♄	
	16 46	☉⚼♇	
15 Tu	09 09	☽✱♃	G
	09 54	☽□♀	B
	09 58	☽∥♅	B
	11 59	☽✱☉	G
	14 33	♀Stat	
	15 23	☽∠☿	b
	21 45	☽♈	
16 We	00 06	♂∠♄	
	03 48	☽⊻♆	g
	08 34	☉#♇	
	09 28	☿⊥♅	
	10 58	☽#♄	B

	12 11	☽☌♅	B
	15 30	☽∠♃	b
	16 10	☽□♇	B
	16 26	♂△♇	
	20 24	☽∠☉	b
	20 41	♀⊻♃	
	22 42	♃▽♄	
17 Th	02 38	☽∥♂	B
	03 07	☽⊻☿	g
	07 27	☿Q♆	
	09 53	☽∠♆	b
	11 31	☽#♆	D
	21 40	☽✱♀	G
	21 44	☽☍♄	B
	22 19	☽⊻♃	g
	23 12	☽⚼♂	b
	23 22	♃⚼♇	
18 Fr	05 20	☽⊻☉	g
	10 03	☽♉	
	16 15	☿⊥♀	
	16 18	☽✱♆	G
19 Sa	01 01	☽⊻♅	g
	02 27	☽∥☿	G
	03 50	☽∠♀	b
	04 46	☽△♇	G
	06 32	☽△♂	G
	17 24	☽∥♃	G
20 Su	04 35	☽#♇	D
	04 37	☽☌☿	G
	07 39	☽∠♅	b
	09 55	☉±♄	
	09 56	☽⊻♀	g
	11 16	☽⚼♇	b
	12 35	☽☌♃	G
	15 15	☉♊	
	16 15	☽∥☉	G
	22 05	☿∠♅	
	23 05	☽♊	
	23 47	☽ ● ●	D
21 Mo	05 22	☽□♆	B
	08 24	☿⊻♀	
	12 51	☿▽♄	
	14 13	☽✱♅	G
	15 38	☿∥♃	
	16 46	☽⚼♄	b
	17 46	☿⚼♇	
	21 17	☽□♂	B
22 Tu	05 58	☿☌♃	
	21 24	☽☌♀	G
	22 51	☽△♄	G
23 We	01 49	☿#♇	
	02 25	☽⊻♃	g
	06 21	☽⊻☿	g
	11 31	☽♋	
	17 26	☽⊻☉	g
	17 42	☽△♆	G
	20 07	☽∥☉	G
	20 55	☉□♆	
	21 02	☉±♇	
24 Th	02 30	☽□♅	B
	05 34	☽☍♇	B
	06 36	☿±♄	
	07 16	☽∥☿	G
	08 46	☽∠♃	b
	10 59	☽✱♂	G
	11 12	☿♊	
	16 49	☽#♇	D
	18 25	☽∠☿	b
	23 14	☽⚼♆	b

25 Fr	00 46	☽∥♃	G
	01 27	☽∠☉	b
	07 01	☽⊻♀	g
	09 44	☽□♄	B
	14 34	☽✱♃	G
	17 03	☽∠♂	b
	21 06	☿±♇	
	21 37	☿□♆	
	22 11	☽♌	
26 Sa	04 51	☉∥☿	
	05 32	☽✱☿	G
	08 41	☽✱☉	G
	10 52	☽∠♀	b
	12 44	☽△♅	G
	22 22	☽⊻♂	g
27 Su	06 26	☽#♆	D
	11 19	☉☌☿	
	13 57	☽✱♀	G
	16 46	☽⚼♅	b
	18 07	☽✱♄	G
	19 15	☽⚼♇	b
	23 36	☿✱♅	
	23 51	☽∥♂	B
	23 54	☽□♃	B
28 Mo	05 47	☽#♄	B
	06 06	☽♍	
	07 15	☿⚼♄	
	11 46	☽☍♆	B
	14 05	☿▽♇	
	16 04	☉✱♅	
	20 16	☽□☉	B
	21 08	☽∠♄	b
	22 16	☽△♇	G
	23 53	☽□☿	B
29 Tu	02 28	☽∥♅	B
	06 29	☽☌♂	B
	07 53	☉⚼♄	
	17 44	☽□♀	B
	23 19	☽⊻♄	g
	23 56	☉▽♇	
30 We	01 30	☽#♅	B
	05 50	☽△♃	G
	07 52	♀Q♅	
	10 46	☽♎	
	20 55	☽∥♄	B
	23 56	☽☍♅	B
31 Th	00 01	☽#♂	B
	00 20	☿□♂	
	01 54	☽□♇	B
	03 48	☽△☉	G
	07 34	☽⚼♃	b
	11 10	☽⊻♂	g
	12 44	☽△☿	G
	17 09	☽⚼♆	b
	18 11	☽∥♆	D
	18 30	☽△♀	G
JUNE			
1 Fr	01 31	☽☌♄	B
	06 17	☽⚼☉	b
	12 26	☽∠♂	b
	12 31	☽♏	
	12 50	☿∥♀	
	17 29	☽⚼☿	b
	17 37	☽△♆	G
	18 01	☽⚼♀	b
	20 31	☿☌♀	
2 Sa	02 55	☽✱♇	G
	13 14	☽✱♂	G

	13 48	☿Q♅	
	19 31	☽#♃	G
	22 16	☽∥♇	D
3 Su	01 14	☽⚼♅	b
	01 40	☽⊻♄	g
	02 51	☽∠♇	b
	09 29	☽☍♃	B
	12 32	☽♐	
	17 33	☽□♆	B
	19 24	♂#♄	
4 Mo	01 09	☽△♅	G
	01 28	☽∠♄	b
	02 38	☿△♄	
	02 40	☽⊻♇	g
	11 12	☽●☉	B
	14 22	☽□♂	B
	15 02	☽☍♀	B
	21 03	♆Stat	
5 Tu	00 28	♀□♂	
	01 23	☽✱♄	G
	05 08	☽☍☿	B
	12 31	☽♑	
	17 38	☽✱♆	G
6 We	01 09	☉☌♀	
	01 31	☽□♅	B
	02 55	☽☌♇	D
	10 22	☉∥♀	
	11 04	☽⚼♃	b
	12 37	☽∥♇	D
	13 43	♂⊥♄	
	13 48	☽#♃	G
	16 33	☽△♂	G
	18 18	☽∠♆	b
	22 01	☿⊻♃	
7 Th	02 29	☽□♄	B
	11 16	☿♋	
	11 19	♃±♄	
	12 38	☽△♃	G
	13 55	☽⚼♀	b
	14 17	☽♒	
	18 22	☽⚼☉	b
	18 41	☽⚼♂	b
	19 40	☽⊻♆	g
8 Fr	02 30	☉□♂	
	04 09	☽✱♅	G
	05 26	☽⊻♇	g
	14 49	☽△♀	G
	20 07	☽∥♆	D
	21 16	☽⚼☿	b
	22 35	☽△☉	G
9 Sa	01 49	☿△♆	
	06 20	♃#♇	
	06 35	☽△♄	G
	06 46	☽∠♅	b
	08 00	☽∠♇	b
	18 33	☽□♃	B
	19 22	☽♓	
	19 43	☽∥♄	B
10 Su	01 09	☽☌♆	D
	01 40	☽#♂	B
	05 11	☽△☿	G
	10 03	☿⊥♃	
	10 05	☽⚼♄	b
	10 23	☽⊻♅	g
	11 34	☽✱♇	G
	14 43	☉Q♅	
	15 52	☽#♅	B
	19 16	☽□♀	B
11	03 30	☿Q♂	

Mo	07 16	☽☍♂	
	10 41	☽□☉	
	17 22	♃♊	
	17 41	☿□♅	
	18 38	☽∥♅	
12 Tu	01 04	☿☍♇	
	04 21	☽♈	
	04 34	☽✱♃	
	07 02	☽∥♂	
	10 31	☽⊻♆	
	15 42	☽#♄	
	20 28	☽☌♅	
	21 29	☽□♇	
13 We	01 05	☽□☿	
	03 09	☽✱♀	
	10 53	☽∠♃	b
	12 12	☉△♄	
	12 27	☿⊻♀	
	16 22	☽∠♆	b
	17 50	☽#♆	
14 Th	01 55	☽☍♄	
	03 09	☽✱☉	
	08 04	☽∠♀	b
	16 22	☽♉	
	17 45	☽⊻♃	g
	22 42	☽✱♆	
15 Fr	04 20	☽⚼♂	b
	09 05	☽⊻♅	g
	09 53	☽△♇	
	12 17	☽∠☉	b
	13 22	☽⊻♀	g
16 Sa	00 00	☽✱☿	
	06 43	☿⊥♀	
	07 13	☿∠♃	
	11 38	☽#♇	
	12 09	☽△♂	G
	15 37	☽∥♃	G
	15 42	☽∠♅	b
	16 22	☽⚼♇	b
	17 02	☽∥♀	G
	21 31	☽⊻☉	g
17 Su	02 02	♀∥♃	
	05 24	☽♊	
	07 58	☽●♃	G
	11 20	☽∠☿	b
	11 42	☽□♆	B
	14 06	☿⚼♆	
	21 12	☽⚼♄	b
	22 09	☽✱♅	G
18 Mo	00 13	☽☌♀	G
	13 16	♀#♇	
	22 02	☽⊻☿	g
19 Tu	03 11	☽□♂	B
	03 16	☽△♄	G
	05 03	♂⊻♄	
	15 02	☽☌☉	D
	17 34	☽♋	
	19 21	☉∥☿	
	21 12	☽⊻♃	g
	23 39	☽△♆	G
20 We	09 57	☽□♅	B
	10 16	☽☍♇	B
	10 17	☽⊻♀	g
	11 18	♀▽♇	
	16 05	☿□♄	
	16 24	☽∥♃	G
	22 17	☽#♇	D
	23 09	☉♋	
21	00 55	♀✱♅	

h	01 19	☿∠♀	
	03 03	☽∠♃	b
	04 10	☽∥♀	G
	04 55	☽⚼♆	b
	10 14	☿⚹♂	
	13 58	☽□♄	B
	14 47	☽∠♀	b
	16 18	☽⚹♂	G
	16 48	☽☌☿	G
2	03 47	☽♌	
r	06 08	☽⚺☉	g
	08 19	☽⚹♃	G
	14 19	♃±♇	
	18 50	☽⚹♀	G
	19 38	☽△♅	G
	21 56	☽∠♂	b
3	00 29	♂∥♅	
a	12 04	☽#♆	D
	12 35	☽∠☉	b
	18 19	☿±♆	
	19 10	☉⚺♃	
	20 35	♀⚼♄	
	22 26	☽⚹♄	G
	23 35	☽⚼♅	b
	23 37	☽⚼♇	b
4	02 54	☽⚺♂	g
Su	03 54	☉△♆	
	07 39	☽⚺☿	g
	09 12	♅□♇	
	11 42	☽♍	
	12 25	☽#♄	B
	17 00	☽□♃	B
	17 15	☽☍♆	B
	18 18	☽⚹☉	G
25	01 31	☽□♀	B
Mo	01 47	☽∠♄	b
	02 54	☽△♇	G
	07 24	☽∥♅	B
	07 56	♃□♆	
	08 00	♄ Stat	
	10 00	☽∥♂	B
	13 37	☽∠☿	b
26	02 24	☿♌	
Tu	04 33	☽⚺♄	g
	05 52	☽#♂	B
	09 18	☽#♅	B
	10 53	☽☌♂	B
	17 15	☽♎	
	18 40	☽⚹☿	G
	23 10	☽△♃	G
27	03 30	☽□☉	B
We	03 37	☽∥♄	B
	06 16	☽△♀	G
	07 42	☽□♇	B
	07 54	☽☍♅	B
	15 07	♀ Stat	
28	00 17	☽⚼♆	b
Th	01 21	☽⚼♃	b
	02 18	☽∥♆	D
	07 54	☽⚼♀	b
	08 22	☽☌♄	B
	11 58	☿∥♃	
	16 19	☽⚺♂	g
	17 28	☿⚻♆	
	20 14	☉⚺♀	
	20 32	☽♏	
29	01 33	☽△♆	G
Fr	02 13	☽□☿	B
	09 59	☽△☉	G
	10 20	☽⚹♇	G
	15 02	☉☍♇	
	15 37	☿⚹♃	
	18 14	☽∠♂	b
	18 18	☽#♀	G
	20 10	☉□♅	
30	08 33	☽∥♇	D
Sa	08 48	☽#☿	G
	10 16	☽⚺♄	g
	10 20	☿#♇	
	11 01	☽∠♇	b
	11 24	☽⚼♅	b
	12 26	☽⚼☉	b
	17 51	☽#♃	G
	19 46	☽⚹♂	G
	22 04	☽♐	
JULY			
1	02 54	☽□♆	B
Su	05 05	☽☍♃	B
	07 11	☽△☿	G
	10 42	☽☍♀	B
	10 45	☽∠♄	b
	11 26	☽⚺♇	g
	11 52	☽△♅	G
	16 31	♀⚼♄	
	22 20	☉⊥♃	
2	09 10	☽⚼☿	b
Mo	11 08	☽⚹♄	G
	22 21	☽□♂	B
	22 51	☽♑	
3	03 39	☽⚹♆	G
Tu	12 01	☽#♃	G
	12 12	☽☌♇	D
	12 31	♂♎	
	12 45	☽□♅	B
	15 45	♀⚻♇	
	18 52	☽☍☉	B
	22 33	☽∥♇	D
4	04 16	☽∠♆	b
We	06 19	☿⚻♇	
	07 39	☽⚼♃	b
	12 25	☽□♄	B
	12 51	☽#☿	G
	13 19	☽⚼♀	b
	13 26	☿⚹♀	
	14 35	☽#♀	G
	17 53	☿△♅	
5	00 26	☽♒	
Th	01 49	☽△♂	G
	02 36	♀⚹♅	
	03 13	☿∥♀	
	05 21	☽⚺♆	g
	09 12	☽△♃	G
	14 12	☽⚺♇	g
	14 53	☽⚹♅	G
	15 08	☽△♀	G
	16 00	☽☍☿	B
6	04 30	☽⚼♂	b
Fr	05 39	☽∥♆	D
	15 48	☉⊥♀	
	15 48	☽△♄	G
	16 11	☽∠♇	b
	16 58	☽∠♅	b
7	04 29	☽♓	
Sa	04 56	☽∥♄	B
	05 23	☽⚼☉	b
	09 39	☽☌♆	D
	14 40	☽□♃	B
	18 46	☽⚼♄	b
	19 04	☽⚹♇	G
	19 56	☽⚺♅	g
	21 29	☽□♀	B
8	00 19	☽#♅	B
Su	10 06	☽∥♂	B
	10 59	☽△☉	G
	14 40	☿Q♄	
	18 26	☽#♂	B
	20 57	♂⚻♆	
9	04 03	☽∥♅	B
Mo	04 56	☽⚼☿	b
	12 14	☽♈	
	16 09	☉⚼♆	
	17 42	☽⚺♆	g
	18 41	☽☍♂	B
10	00 06	☽⚹♃	G
Tu	00 45	☽#♄	B
	03 44	☽□♇	B
	04 47	☽☌♅	B
	08 18	☽⚹♀	G
	10 59	☽△☿	G
	23 06	☽∠♆	b
11	01 48	☽□☉	B
We	02 42	☽#♆	D
	06 13	☽∠♃	b
	09 23	☽☍♄	B
	15 15	☽∠♀	b
	23 30	☽♉	
12	04 24	☽∥☿	G
Th	05 09	☽⚹♆	G
	12 57	☽⚺♃	g
	15 34	☽△♇	G
	16 48	☽⚺♅	g
	22 51	☽⚺♀	g
13	00 35	☽□☿	B
Fr	02 37	☽∥♀	G
	09 49	♅ Stat	
	17 07	☽⚼♂	b
	19 46	☽⚹☉	G
	20 52	☽#♇	D
	22 01	☽⚼♇	b
	23 05	☉∠♃	
	23 19	☽∠♅	b
14	12 26	☽♊	
Sa	16 06	☽∥♃	G
	18 01	☽□♆	B
	22 41	☿⚹♀	
15	01 05	☽△♂	G
Su	02 16	☿ Stat	
	02 56	☽●♃	G
	04 14	☉□♄	
	04 49	☽⚼♄	b
	04 52	☽∠☉	b
	05 43	☽⚹♅	G
	08 46	☽∥☉	G
	13 46	☽⚹☿	G
	14 30	☽☌♀	G
16	10 56	☽△♄	G
Mo	13 29	☽⚺☉	g
	16 29	♂#♅	
	19 27	☽∠☿	b
17	00 31	☽♋	
Tu	01 33	☽∥☉	G
	05 49	☽△♆	G
	08 23	☽∥♃	G
	12 38	♂△♃	
	15 29	☽⚺♃	g
	15 34	☽□♂	B
	15 48	☽☍♇	B
	17 12	☽□♅	B
	20 26	♂□♇	
18	00 18	☽⚺☿	g
We	04 08	☽#♇	D
	04 32	☽⚺♀	g
	06 52	☉Q♂	
	09 46	♃⚻♇	
	10 50	☽⚼♆	b
	17 15	☉∥♃	
	18 03	☽∥♀	G
	20 46	☽∠♃	b
	21 24	☽□♄	B
	22 08	☉±♆	
19	02 55	♂☍♅	
Th	04 24	☽☌☉	D
	08 15	♂±♆	
	10 13	☽♌	
	10 32	☽∠♀	b
20	01 22	☽⚹♃	G
Fr	02 08	☽△♅	G
	03 12	☽⚹♂	G
	04 22	☽∥☿	G
	07 34	☽●☿	G
	15 51	☽⚹♀	G
	17 06	☿Q♄	
	17 37	☽#♆	D
21	02 00	♃⚼♄	
Sa	04 14	☽⚼♇	b
	05 17	☽⚹♄	G
	05 40	☽⚼♅	b
	07 58	☽∠♂	b
	16 07	☽⚺☉	g
	17 03	☽#♄	B
	17 24	☽♍	
	22 05	☽☍♆	B
22	04 04	♃⚹♅	
Su	06 48	☽#♂	B
	07 14	☽△♇	G
	08 24	☽∠♄	b
	08 44	☽□♃	B
	10 01	☉♌	
	10 55	☿⚹♂	
	12 03	☽⚺☿	g
	12 09	☽⚺♂	g
	13 26	☽∥♅	B
	21 00	☽∠☉	b
23	00 44	☽□♀	B
Mo	11 05	☽⚺♄	g
	13 30	☽∠☿	b
	15 30	☽#♅	B
	22 38	☽♎	
24	00 03	☽∥♂	B
Tu	01 22	☽⚹☉	G
	11 39	☽∥♄	B
	11 59	☽□♇	B
	13 26	☽☍♅	B
	14 15	☽△♃	G
	14 32	☽⚹☿	G
	19 09	☽☌♂	B
	19 14	☿⚹♃	
25	01 34	☉⚻♆	
We	05 04	☽⚼♆	b
	07 56	☽△♀	G
	09 51	☽∥♆	D
	13 27	☿△♅	
	15 22	☽☌♄	B
	16 29	☽⚼♃	b
	20 13	☉#♇	
	22 49	☽#☿	G
26	02 29	☽♏	
Th	06 46	☽△♆	G
	08 56	☽□☉	B
	11 03	☽⚼♀	b
	15 28	☽⚹♇	G
	15 38	☽□☿	B
	19 12	☿⚻♇	
27	00 45	☽⚺♂	g
Fr	01 18	♀Q♅	
	11 44	☽#♀	G
	14 02	☽#☉	G
	16 49	☽∠♇	b
	17 54	☽∥♇	D
	18 17	☽⚼♅	b
	18 34	☽⚺♄	g
28	03 10	☽∠♂	b
Sa	05 18	☽♐	
	08 08	☉∥♀	
	08 45	☿∠♀	
	09 25	☽□♆	B
	11 58	♅⊥♆	
	15 16	☽△☉	G
	15 47	☽△☿	G
	17 03	☽#♃	G
	17 59	☽⚺♇	g
	19 28	☽△♅	G
	19 51	☽∠♄	b
	19 57	☉☌☿	
	21 37	☽☍♃	B
29	05 23	☽⚹♂	G
Su	15 41	☽⚼☿	b
	18 09	☽⚼☉	b
	19 07	☽☍♀	B
	21 01	☽⚹♄	G
30	06 33	☽#♃	G
Mo	07 09	☉⚻♇	
	07 29	☽♑	
	11 30	☽⚹♆	G
	20 04	☽☌♇	D
	21 34	☽□♅	B
31	05 21	☉△♅	
Tu	06 24	☽∥♇	D
	07 38	♀△♄	
	09 32	☽#♀	G
	09 43	☽□♂	B
	12 36	☽∠♆	b
	19 10	☽#☉	G
	22 43	☿Q♂	
	23 30	☽□♄	B
AUGUST			
1	01 56	☽⚼♃	b
We	09 56	☽♒	
	13 56	☽⚺♆	g
	15 58	☽☍☿	B
	17 21	☽#☿	G
	22 41	☽⚺♇	g
2	00 15	☽⚹♅	G
Th	03 27	☽☍☉	B
	03 34	☽⚼♀	b
	03 50	☽△♃	G
	09 56	☉⚹♃	
	14 29	☽∥♆	D
	15 06	☽△♂	G
	15 53	☉∠♀	
3	00 39	☽∠♇	b
Fr	02 15	☽∠♅	b
	03 19	☽△♄	G

	04 00	♂⚼♆	
	07 24	☽△♀	G
	12 20	☽∥♄	B
	12 36	☽∥♂	B
	13 58	☽♓	
	14 15	☿⊥♀	
	18 04	☽☌♆	D
	18 28	♂∥♄	
	18 45	☽⚼♂	b
4 Sa	00 03	☉Q♄	
	03 16	☽⚹♇	G
	04 06	☿⚻♆	
	04 56	☽⊻♅	g
	06 11	☽⚼♄	b
	09 27	☽□♃	B
	10 41	☽#♅	B
	15 58	♀#♇	
	20 45	☽⚼☿	b
5 Su	10 34	☉±♇	
	13 17	☽∥♅	B
	17 56	☽□♀	B
	18 34	☽⚼☉	b
	20 58	☽♈	
6 Mo	00 11	☽△☿	G
	01 13	☽⊻♆	g
	11 04	☽□♇	B
	12 51	☽☌♅	B
	13 26	☽#♄	B
	17 00	☽#♂	B
	18 29	☽⚹♃	G
7 Tu	01 45	☽△☉	G
	02 41	☉∥☿	
	06 08	☽∠♆	b
	11 27	☽☍♂	B
	13 32	☽#♆	D
	13 43	♀♋	
	20 04	☽☍♄	B
8 We	00 20	☽∠♃	b
	05 40	☿ Stat	
	07 28	☽♉	
	08 54	☽⚹♀	G
	10 19	☽□☿	B
	11 49	☽⚹♆	G
	21 11	☽∥☉	G
	22 12	☽△♇	G
9 Th	00 04	☽⊻♅	g
	05 14	☿⊻♀	
	05 48	☽∥☿	G
	06 51	☽⊻♃	g
	17 39	☽∠♀	b
	18 55	☽□☉	B
	22 34	♀△♆	
10 Fr	04 34	☽⚼♇	b
	06 26	☽∠♅	b
	08 25	☽#♇	D
	12 47	☽∥♀	G
	20 11	☽♊	
	23 58	☽⚹☿	G
11 Sa	00 28	☽□♆	B
	02 43	☽⊻♀	g
	11 07	☽⚼♂	b
	12 50	☽⚹♅	G
	15 32	☽⚼♄	b
	15 47	☿⚻♆	
	20 32	☽●♃	G
12 Su	03 26	☽∥♃	G
	07 19	☽∠☿	b
	13 01	☽⚹☉	G
	15 13	☽∥♃	G

	18 55	☽△♂	G
	21 49	☽△♄	G
13 Mo	08 27	☽♋	
	12 29	☽△♆	G
	14 31	☽⊻☿	g
	19 45	☽●♀	G
	21 13	☽∠☉	b
	22 41	☽☍♇	B
14 Tu	00 26	☽□♅	B
	03 58	☽∥♀	G
	08 38	☽⊻♃	g
	09 44	☽#♇	D
	15 41	☉⚼♇	
	17 32	☽⚼♆	b
15 We	02 32	☽∥☿	G
	04 28	☽⊻☉	g
	08 15	☽□♂	B
	08 21	☽□♄	B
	09 11	♀☍♇	
	10 35	♂☌♄	
	13 27	☉⚼♅	
	13 31	☽∠♃	b
	18 05	☽♌	
16 Th	01 55	♂Q♇	
	03 24	☽☌☿	G
	06 48	♀□♅	
	09 04	☽△♅	G
	09 15	☽⊻♀	g
	10 42	☽∥☉	G
	17 32	☽⚹♃	G
	23 50	☽#♆	D
17 Fr	05 38	☽#♂	B
	07 40	☉Q♃	
	10 39	☽⚼♇	b
	12 04	☉⚹♄	
	12 12	☽⚼♅	b
	14 33	☽∠♀	b
	15 39	☽⚹♄	G
	15 54	☽☌☉	D
	17 55	☽⚹♂	G
	20 54	☽#♄	B
18 Sa	00 33	☽♍	
	03 57	☽☍♆	B
	06 17	☿⚻♇	
	13 13	☽△♇	G
	13 51	☽⊻☿	g
	18 17	☽∠♄	b
	19 05	☽⚹♀	G
	21 37	☽∠♂	b
	21 41	☽∥♅	B
	23 26	☽□♃	B
	23 29	☿△♅	
19 Su	18 27	☽∠☿	b
	18 57	♄Q♇	
	20 27	☽⊻♄	g
	21 28	☽#♅	B
20 Mo	00 17	☽⊻☉	g
	00 49	☽⊻♂	g
	04 45	☽♎	
	17 00	☽□♇	B
	18 25	☽☍♅	B
	21 45	☉⚹♂	
	22 07	☽∥♄	B
	22 53	☽⚹☿	G
	23 10	♂⚼♃	
21 Tu	02 42	☽□♀	B
	03 32	☽△♃	G
	03 51	☽∠☉	b
	09 30	☽⚼♆	b

	16 06	♀⊻♃	
	16 53	♂∥♆	
	17 54	☽∥♆	D
	17 57	☽∥♂	B
	19 53	☽#☉	G
22 We	00 00	☽☌♄	B
	05 17	☽⚼♃	b
	06 24	☽☌♂	B
	07 13	☽⚹☉	G
	07 54	☽♏	
	09 52	☉#♂	
	10 57	☽△♆	G
	16 21	☿±♇	
	17 07	☉♍	
	20 00	☽⚹♇	G
	20 57	☿Q♄	
	20 58	☉#♆	
	22 56	☿⚹♃	
23 Th	05 56	☽#☿	G
	07 54	☽□☿	B
	09 34	☽△♀	G
	15 24	♂♏	
	21 26	☽∠♇	b
	22 45	☽⚼♅	b
24 Fr	02 57	☽∥♇	D
	03 15	☽⊻♄	g
	06 56	☽#♀	G
	10 50	☽♐	
	11 45	☽⊻♂	g
	12 32	☉☍♆	
	13 01	☽⚼♀	b
	13 48	☽□♆	B
	13 54	☽□☉	B
	15 32	☉±♅	
	19 14	☿⊻♀	
	22 55	☽⊻♇	g
	23 38	♀⚼♆	
25 Sa	00 12	☽△♅	G
	04 55	☽∠♄	b
	10 25	☽☍♃	B
	14 30	☽∠♂	b
	17 44	☽△☿	G
26 Su	06 39	☽⚹♄	G
	06 53	♂△♆	
	13 58	☽♑	
	16 51	☽⚹♆	G
	17 21	☽⚹♂	G
	19 17	☿Q♂	
	20 50	☽△☉	G
	23 04	☽⚼☿	b
27 Mo	02 06	☽☌♇	D
	03 19	☽□♅	B
	08 46	☽#♀	G
	10 40	☽∥♇	D
	18 34	☽∠♆	b
	22 14	☿⚼♇	
28 Tu	00 02	☽☍♀	B
	00 32	☽⚼☉	b
	07 08	☿⚼♅	
	08 31	♀⊥♃	
	10 33	☽□♄	B
	16 18	☽⚼♃	b
	17 38	☽♒	
	20 28	☽⊻♆	g
	23 37	☽□♂	B
29 We	00 50	☽#☿	G
	05 56	☽⊻♇	g
	07 06	☽⚹♅	G
	10 54	☽∥♂	B

	11 51	♀#♇	
	18 43	☽△♃	G
	21 05	☽∥♆	D
30 Th	00 21	☉△♇	
	01 25	☿⚹♄	
	05 40	☿Q♃	
	08 19	☽∠♇	b
	09 27	☽∠♅	b
	12 08	☽#☉	G
	15 34	☽△♄	G
	15 57	☉⚻♅	
	16 30	☽∥♄	B
	17 48	☽☍☿	B
	22 31	☽♓	
31 Fr	01 20	☽☌♆	D
	04 05	☿#♂	
	07 25	☽△♂	G
	11 12	☽⚹♇	G
	12 18	☽⊻♅	g
	12 51	☉∠♀	
	13 58	☽☍☉	B
	13 59	☽⚼♀	b
	18 49	☽⚼♄	b
	21 11	☽#♅	B

SEPTEMBER

1 Sa	00 58	☽□♃	B
	02 32	☿♍	
	05 43	☿⊥♀	
	12 18	☽⚼♂	b
	14 05	☉#♄	
	20 02	☽△♀	G
	21 02	☽∥♅	B
	21 16	☿☍♆	
	22 17	☿±♅	
2 Su	05 37	☽♈	
	08 27	☽⊻♆	g
	09 56	♀±♆	
	18 55	☽□♇	B
	19 59	☽☌♅	B
3 Mo	00 38	☽∥☉	G
	03 57	☽#♄	B
	07 43	♀□♄	
	09 05	☿#♆	
	09 56	☽⚹♃	G
	11 05	♂⚹♇	
	13 08	☽∠♆	b
	14 43	☉∠♄	
	20 43	☽⚼☿	b
	22 20	☽∥☿	G
4 Tu	00 48	☽#♆	D
	05 41	♂⚻♅	
	08 54	☽☍♄	B
	10 19	☽⚼☉	b
	11 06	☽□♀	B
	15 34	☽∠♃	b
	15 41	☽♉	
	16 46	☿△♇	
	18 32	☽⚹♆	G
	22 25	☽#♂	B
	22 51	☿⚻♅	
5 We	05 38	☽△♇	G
	06 36	☽⊻♅	g
	08 06	☿⚹♂	
	08 08	☽☍♂	B
	08 08	☽△☿	G
	18 54	☽△☉	G
	21 51	☽⊻♃	g
6	09 26	☽∥♀	G

Th	11 53	☽⚼♇	[illegible]
	12 47	☽∠♅	[illegible]
	14 48	♀♌	
	16 12	♂±♃	
	17 46	♀∠♃	
	21 07	☽#♇	[illegible]
7 Fr	04 10	☽♊	
	04 44	☿∠♄	[illegible]
	05 30	☽⚹♀	[illegible]
	06 57	☽□♆	[illegible]
	10 15	☉□♃	
	19 12	☽⚹♅	[illegible]
	20 52	♀⚻♆	
	21 03	☿#♄	
8 Sa	04 27	☽⚼♄	[illegible]
	08 49	☽□☿	[illegible]
	11 13	☽●♃	[illegible]
	13 15	☽□☉	[illegible]
	15 04	☽∠♀	[illegible]
9 Su	00 13	☿□♃	
	08 39	☽⚼♂	[illegible]
	10 59	☽△♄	[illegible]
	16 49	☽♋	
	19 25	☽△♆	[illegible]
10 Mo	00 08	☽⊻♀	[illegible]
	06 38	☽☍♇	[illegible]
	07 17	☽□♅	[illegible]
	12 44	☉☌☿	
	14 22	☽#♇	[illegible]
	16 05	☽△♂	[illegible]
	20 21	♅⊥♆	
	23 16	☽⊻♃	[illegible]
11 Tu	00 49	☽⚼♆	[illegible]
	05 54	☽⚹☉	[illegible]
	07 22	☽⚹☿	[illegible]
	10 20	☽∥♀	[illegible]
	21 09	☿∠♀	
	21 58	☽□♄	B
	23 36	☽#♂	B
12 We	03 00	☽♌	
	04 04	☽∠♃	b
	05 11	☿⊥♄	
	12 38	☽∠☉	b
	15 16	☽☌♀	G
	16 27	☽△♅	G
	16 29	☽∠☿	b
	18 58	♂±♅	
	23 47	♀⚻♇	
13 Th	03 54	☽□♂	B
	04 45	♀△♅	
	06 46	☽#♆	D
	07 53	☽⚹♃	G
	18 10	☽⊻☉	g
	19 15	☽⚼♇	b
	19 37	☽⚼♅	b
	22 59	☉⊥♄	
14 Fr	00 03	☽⊻☿	g
	00 27	☽#♄	B
	05 14	☽⚹♄	G
	05 18	☉∥☿	
	09 30	☽♍	
	11 35	☽☍♆	B
	21 39	☽△♇	G
15 Sa	01 39	☽⊻♀	g
	04 37	☽∥☉	G
	06 53	☽∥☿	G
	07 33	☽∠♄	b
	08 12	☽∥♅	B
	09 59	♀#♂	

	11 33	☽✱♂	G
	12 52	☽□♃	B
	15 21	☿∥♅	
	16 50	☿⊻♄	
16 Su	02 11	☽☌☉	D
	02 36	☽#☿	G
	04 18	☽#♅	B
	05 26	☽∠♀	b
	05 57	☽#☉	G
	09 13	☽⊻♄	g
	11 26	☽☌☿	G
	12 55	☽♎	
	14 13	☽∠♂	b
	17 24	♂▽♃	
	23 22	☿♎	
17 Mo	00 33	☽□♇	B
	00 42	☽☍♅	B
	04 52	☉∥♅	
	08 39	☽✱♀	G
	11 28	☽∥♄	B
	14 24	☿▽♆	
	15 27	☽△♃	G
	15 46	☽⚼♆	b
	16 26	☽⊻♂	g
	22 05	☿∠♂	
18 Tu	03 19	☽∥♆	D
	05 06	♇Stat	
	07 50	☽⊻☉	g
	09 00	♀±♇	
	11 30	☽☌♄	B
	14 46	☽♏	
	16 22	☽⚼♃	b
	16 33	☽△♆	G
	20 12	☽⊻☿	g
19 We	02 16	☽✱♇	G
	05 44	☽#♀	G
	05 57	♅□♇	
	10 26	☽∠☉	b
	14 29	☽□♀	B
	18 12	☉#☿	
	19 16	☽∥♂	B
	20 33	☽●♂	B
20 Th	00 26	☽∠☿	b
	03 05	☽⚼♅	b
	03 09	☽∠♇	b
	12 34	☽∥♇	D
	13 11	☽✱☉	G
	13 39	☽⊻♄	g
	16 34	☽♐	
	18 18	☽□♆	B
	20 50	☉⊻♄	
	22 23	☿☍♅	
	23 06	☿#♅	
	23 21	☿□♇	
21 Fr	00 20	☿±♆	
	03 45	♀✱♃	
	04 06	☽△♅	G
	04 14	☽⊻♇	g
	04 53	☽✱☿	G
	09 17	♀Q♄	
	15 02	☽∠♄	b
	19 41	☽☍♃	B
	21 00	☽△♀	G
22 Sa	01 25	☽⊻♂	g
	14 49	☉♎	
	16 45	☽✱♄	G
	19 20	☽♑	
	19 41	☽□☉	B
	21 02	☽✱♆	G

23 Su	00 52	☽⚼♀	b
	04 24	☽∠♂	b
	07 02	☽□♅	B
	07 19	☽☌♇	D
	12 19	☽∥♇	D
	14 31	☉▽♆	
	15 02	☽□☿	B
	22 55	☽∠♆	b
	23 00	☽∥♂	B
24 Mo	07 49	☽✱♂	G
	21 19	☽□♄	B
	23 32	☽♒	
25 Tu	01 11	☽⊻♆	g
	01 43	☽⚼♃	b
	03 57	☽△☉	G
	06 43	♂⚼♅	
	08 47	☽#♀	G
	11 26	☽✱♅	G
	11 54	☽⊻♇	g
	15 34	♂∠♇	
26 We	01 16	☽∥♆	D
	01 53	♀⚼♅	
	03 13	☽△☿	G
	04 31	☽△♃	G
	07 57	♀⚼♇	
	08 38	☿⚼♆	
	08 51	☽⚼☉	b
	14 09	☿△♃	
	14 15	☽∠♅	b
	14 48	☽∠♇	b
	15 27	☽☍♀	B
	16 05	☽□♂	B
	16 56	☽∥♄	B
	23 06	☿⊥♂	
27 Th	03 33	☽△♄	G
	05 13	☽∥☿	G
	05 23	☽♓	
	07 00	☽☌♆	D
	08 48	♀□♂	
	10 11	☽⚼☿	b
	14 20	☉#♅	
	17 31	☽⊻♅	g
	18 11	☽✱♇	G
28 Fr	05 05	☽∥☉	B
	06 23	☽#♅	B
	07 24	☽⚼♄	b
	11 30	☽□♃	B
29 Sa	02 26	☽∥♅	B
	02 34	☽△♂	G
	05 57	☽#☉	G
	06 00	♂∥♇	
	07 15	☉☍♅	
	13 14	☽♈	
	14 11	☉±♆	
	14 49	☽⊻♆	g
	17 55	☉□♇	
30 Su	01 41	☽☌♅	B
	02 35	☽□♇	B
	03 19	☽☍☉	B
	08 50	☽⚼♂	b
	11 45	☽⚼♀	b
	15 35	☿∥♄	
	18 30	☽#♄	B
	19 04	☽#☿	G
	19 36	☽∠♆	b
	20 40	☽✱♃	G
OCTOBER			
1	10 43	☽#♆	D

Mo	11 36	☽☍☿	B
	14 42	☽∥♀	G
	20 06	☽△♀	G
	21 16	♀Q♃	
	22 32	☽☍♄	B
	23 26	☽♉	
2 Tu	01 00	☽✱♆	G
	02 09	☽∠♃	b
	03 14	☿Q♇	
	12 12	☽⊻♅	g
	13 22	☽△♇	G
3 We	00 05	♀✱♄	
	06 59	♀♍	
	07 48	♀#♆	
	08 11	☽⊻♃	g
	14 48	♀±♅	
	18 16	☽∠♅	b
	19 34	☽⚼♇	b
	22 24	☿⊻♂	
	22 26	♀☍♆	
4 Th	03 27	☿#♀	
	04 21	☽⚼☉	b
	07 44	☽☍♂	B
	08 57	☽#♇	D
	11 47	☽♊	
	13 17	☽□♆	B
	13 17	♃Stat	
	14 31	☿∥♆	
	14 56	☽□♀	B
5 Fr	00 39	☽✱♅	G
	05 41	☽#♂	B
	09 44	☿☌♄	
	10 35	☿♏	
	13 41	☽△☉	G
	18 18	☽⚼♄	b
	19 27	☽⚼☿	b
	20 34	♄♏	
	21 08	☽●♃	G
	22 06	☿△♆	
6 Sa	08 53	☿⚼♃	
	13 28	☽#♂	B
7 Su	00 45	☽♋	
	01 02	☽△♄	G
	02 09	☽△♆	G
	03 21	♂♐	
	06 09	☽△☿	G
	09 30	♂⊻♄	
	10 29	☽✱♀	G
	13 15	☽□♅	B
	14 55	☽☍♇	B
	18 05	☽#♇	D
8 Mo	02 10	♂□♆	
	07 33	☽□☉	B
	08 02	☽⚼♆	b
	08 24	☽⚼♂	b
	09 23	☽⊻♃	g
	13 21	☉⚼♆	
	13 55	♀▽♅	
	15 22	♂⊥♇	
	19 22	☽∠♀	b
9 Tu	05 52	☉△♃	
	08 04	♀△♇	
	10 45	♀#♄	
	11 55	☽♌	
	12 45	☽□♄	B
	14 29	☽∠♃	b
	15 18	☽△♂	G
	15 38	☿▽♅	
	17 06	☽#☿	G

	18 31	☉∠♂	
	23 34	☽△♅	G
10 We	00 36	☽□☿	B
	03 07	☽⊻♀	g
	07 31	☿✱♇	
	13 58	☽#♆	D
	18 36	☽✱♃	G
	21 40	☽✱☉	G
11 Th	02 38	♄△♆	
	03 13	☽#♄	B
	03 19	☽⚼♅	b
	05 10	☽⚼♇	b
	07 43	☽∥♀	G
	15 36	☽#☉	G
	19 23	☽♍	
	20 29	☽☍♆	B
	20 39	☽✱♄	G
12 Fr	01 36	☽□♂	B
	02 48	☽∠☉	b
	07 56	☽△♇	G
	13 23	☽✱☿	G
	14 13	☿±♃	
	14 36	☽☌♀	G
	20 00	☽∥♅	B
	23 05	☽∠♄	b
	23 48	☽□♃	B
13 Sa	03 35	♂#♃	
	06 45	☽⊻☉	g
	08 25	☉#♀	
	12 12	☽#♅	B
	17 45	☽∠☿	b
	20 00	☿±♅	
	23 02	☽♎	
14 Su	00 39	☽⊻♄	g
	07 31	☽✱♂	G
	08 55	☽☍♅	B
	10 52	☽□♇	B
	15 38	☽#♀	G
	21 03	☽∥☉	G
	21 09	☽⊻☿	g
	21 34	☽⊻♀	g
15 Mo	00 42	☽⚼♆	b
	01 44	☽△♃	G
	03 11	☽∥♄	B
	09 21	☽∠♂	b
	10 33	♂△♅	
	12 02	☽☌☉	D
	14 09	☽∥♆	D
	16 56	♃⚼♄	
16 Tu	00 02	☽∠♀	b
	00 06	☽♏	
	00 59	☽△♆	G
	01 58	☽⚼♃	b
	02 04	☽☌♄	B
	10 48	☽⊻♂	g
	11 38	☽✱♇	G
	12 31	☿✱♀	
	22 36	☿▽♃	
	23 34	♀□♃	
17 We	02 16	☽✱♀	G
	02 23	☽●☿	G
	04 09	♀∠♄	
	04 30	♂⊻♇	
	09 39	☽⚼♅	b
	11 41	♂⊥♄	
	11 48	☽∠♇	b
	15 50	☽⊻☉	g
	15 51	☽∥☿	G
	23 14	☽∥♇	D

18 Th	00 26	☽♐	
	01 16	☽□♆	B
	02 48	☽⊻♄	g
	04 02	☉Q♇	
	09 50	☽△♅	G
	12 06	☽⊻♇	g
	13 41	☽☌♂	B
	14 42	☉∥♄	
	17 55	☽∠☉	b
19 Fr	02 32	☽☍♃	B
	02 40	☿∥♇	
	03 27	☽∠♄	b
	07 15	☽□♀	B
	07 42	☽⊻☿	g
	20 26	☽✱☉	G
20 Sa	01 41	☽♑	
	02 31	☽✱♆	G
	04 33	☽✱♄	G
	07 22	☽∥☿	G
	11 03	☽∠☿	b
	11 18	☽□♅	B
	13 50	☽☌♇	D
	13 53	☿⚼♅	
	14 53	☽∥♇	D
	18 06	☽⊻♂	g
21 Su	03 53	☽∠♆	b
	14 29	☽△♀	G
	15 05	☽✱☿	G
	20 15	☿∠♇	
	21 18	☽∠♂	b
22 Mo	03 32	☽□☉	B
	05 02	☽♒	
	05 52	☽⊻♆	g
	06 32	☽⚼♃	b
	08 30	☽□♄	B
	15 00	☽✱♅	G
	17 51	☽⊻♇	g
	19 19	☽⚼♀	b
23 Tu	00 14	☉♏	
	01 16	☽✱♂	G
	04 51	☽∥♆	D
	06 47	☽∥☉	G
	09 06	☽△♃	G
	11 15	☉△♆	
	15 16	☽∥♄	B
	17 49	☽∠♅	b
	18 36	☉⚼♃	
	20 52	☽∠♇	b
24 We	01 27	☽□☿	B
	05 20	☉∥♆	
	11 00	☽♓	
	11 49	☽☌♆	D
	13 53	☽△☉	G
	15 09	☽△♄	G
	17 38	☿#♃	
	21 18	☽⊻♅	g
25 Th	00 32	☽✱♇	G
	06 52	☽#♀	G
	08 32	☉☌♄	
	11 33	☽□♂	B
	12 38	♀⊥♄	
	13 56	☽#♅	B
	16 09	☽□♃	B
	17 10	☿✱♀	
	19 28	☽⚼♄	b
	20 17	☽⚼☉	b
26 Fr	05 54	☉⊥♀	
	06 01	☽∥♅	B
	10 28	☽∥♀	G

	14 44	☽△☿	G
	15 04	☽☍♀	B
	19 31	☽♈	
	20 20	☽⚺♆	g
27	06 06	☽☌♅	B
Sa	09 43	☽□♇	B
	22 16	☽⚼☿	b
28	00 44	☽△♂	G
Su	01 27	☽∠♆	b
	01 32	☽✱♃	G
	07 44	♀∥♅	
	08 04	☽#♄	B
	11 21	☉⊽♅	
	12 54	♂☍♃	
	13 04	♀♎	
	18 20	☽#♆	D
	21 11	♀⊽♆	
29	05 56	☽#☉	G
Mo	06 15	☽♉	
	06 18	☿♐	
	06 59	☽∠♃	b
	07 04	☽✱♆	G
	08 17	☽⚼♂	b
	11 55	☽☍♄	B
	17 02	☽⚺♅	g
	17 40	☿□♆	
	19 49	☽☍☉	B
	21 01	☽△♇	G
30	10 30	☉✱♇	
Tu	12 50	☽⚺♃	g
	17 39	☽⚼♀	b
	23 08	☽∠♅	b
31	00 29	☿⊥♇	
We	01 01	♀⚺♄	
	03 18	☽⚼♇	b
	18 08	☽#♇	D
	18 40	☽♊	
	19 28	☽□♆	B
	22 55	☽☍☿	B

NOVEMBER

1	03 33	☽△♀	G
Th	03 41	☉±♃	
	05 30	☽✱♅	G
	06 31	♂∠♄	
	13 25	♂Q♆	
	22 05	♀☍♅	
2	01 18	☽•♃	G
Fr	07 56	☽⚼♄	b
	09 21	☽☍♂	B
	19 18	♀±♆	
	23 30	☽⚼☉	b
3	06 56	☿⚺♄	
Sa	06 57	☉±♅	
	07 43	☽♋	
	08 29	☽△♆	G
	14 43	☽△♄	G
	14 50	♀#♅	
	17 27	♀□♇	
	18 20	☽□♅	B
	22 13	☽#♇	D
	22 54	☽☍♇	B
	23 31	☽□♀	B
4	08 37	☽△☉	G
Su	13 34	☽⚺♃	g
	14 42	☽⚼♆	b
	17 56	♀Q♂	
	21 58	☽⚼☿	b
5	16 05	☽#☉	G
Mo	19 02	☽∠♃	b
	19 39	☽☊	
6	02 58	☽□♄	B
Tu	03 57	☽△☿	G
	05 44	☽△♅	G
	09 11	☽⚼♂	b
	14 56	☉⊽♃	
	17 14	☽✱♀	G
	21 01	☽#♆	D
	23 03	☿Stat	
	23 45	☽✱♃	G
7	00 36	☽□☉	B
We	04 38	☽#♄	B
	10 17	☽⚼♅	b
	14 53	☽⚼♇	b
	15 27	☽△♂	G
8	00 25	☽∠♀	b
Th	04 35	☽♍	
	05 15	☽☍♆	B
	11 57	☽✱♄	G
	12 06	☽□☿	B
	17 23	☿⚺♄	
	18 25	☽△♇	G
	18 54	☽#♀	G
9	06 16	☽⚺♀	g
Fr	06 23	☽□♃	B
	07 16	☽∥♅	B
	07 26	♀△♃	
	11 57	☽✱☉	G
	14 54	☽∠♄	b
	20 28	☽#♅	B
10	00 27	☽□♂	B
Sa	03 49	♀⚼♆	
	09 35	☽♎	
	12 18	☽∥♀	G
	15 06	☽✱☿	G
	15 47	☽∠☉	b
	16 53	☽⚺♄	g
	18 09	☽☍♅	B
	22 33	☽□♇	B
11	07 54	♆Stat	
Su	09 13	☽△♃	G
	11 19	☽⚼♆	b
	14 13	☽☌♀	G
	14 59	☽∠☿	b
	18 35	☽⚺☉	g
	19 53	☽∥♄	B
	20 12	☿∠♀	
12	00 21	☉⚼♅	
Mo	01 26	☽∥♆	D
	05 13	☽✱♂	G
	09 31	☽⚼♃	b
	11 10	☽♏	
	11 45	☽△♆	G
	13 57	☉⊥♂	
	14 03	☽⚺☿	g
	15 54	☿⊥♇	
	18 28	☽☌♄	B
	19 01	☿#♃	
	23 34	☽✱♇	G
13	06 33	☽∠♂	b
Tu	18 28	☽∥☉	G
	18 45	☽⚺♀	g
	19 02	☽⚼♅	b
	22 08	☽•●	D
	23 25	☽∠♇	b
14	00 02	☿□♆	
We	07 32	☽⚺♂	g
	07 42	☿♏	
	10 39	☽•☿	G
	10 44	☽∥♇	D
	10 52	☽♐	
	11 26	☽□♆	B
	18 02	☉∠♇	
	18 25	☽⚺♄	g
	18 42	☽△♅	G
	20 33	☽∠♀	b
	22 24	☽∥☿	G
	23 10	☽⚺♇	g
15	08 25	☽☍♃	B
Th	09 26	☿⚺♂	
	18 15	☿⊥♀	
	18 24	☽∠♄	b
	22 29	☽✱♀	G
16	00 27	♄⊽♅	
Fr	01 05	☽⚺☉	g
	02 42	☿∥♇	
	06 40	☽⚺☿	g
	09 44	☽☌♂	B
	10 35	☽♑	
	11 11	☽✱♆	G
	18 32	☽□♅	B
	18 42	☽✱♄	G
	21 49	☽∥♇	D
	23 18	☽☌♇	D
17	02 36	♂♑	
Sa	03 07	☽∠☉	b
	04 59	☽∠☿	b
	05 07	☉∥☿	
	06 11	☽∥☉	G
	06 46	☽∥☿	G
	11 39	☽∠♆	b
	14 22	♂✱♆	
	15 47	☉☌☿	
18	02 19	☿⚺♀	
Su	03 46	☽✱☿	G
	04 03	☽□♀	B
	05 54	☽✱☉	G
	06 31	☿⊥♂	
	09 12	☽⚼♃	b
	12 10	☽♒	
	12 48	☽⚺♆	g
	14 04	☽⚺♂	g
	17 22	♀Q♇	
	20 29	☽✱♅	G
	21 10	☽□♄	B
19	01 43	☽⚺♇	g
Mo	10 47	☽△♃	G
	10 48	☽∥♆	D
	15 04	☽∥♄	B
	17 36	☽∠♂	b
	18 52	☿∠♇	
	22 40	☽∠♅	b
20	03 22	☽□☿	B
Tu	03 35	☽∥♀	G
	04 10	☽∠♇	b
	06 19	☉∥♇	
	10 15	♀⚼♃	
	13 35	☽△♀	G
	14 31	☽□☉	B
	16 55	☽♓	
	17 37	☽☌♆	D
	22 11	☽✱♂	G
21	01 44	☽⚺♅	g
We	03 01	☽△♄	G
	07 31	☽✱♇	G
	16 34	☽□♃	B
	20 08	☽⚼♀	b
	20 50	☽#♅	B
	21 50	☉♐	
22	01 20	♀♏	
Th	06 32	☽△☿	G
	07 11	☉□♆	
	07 18	☽⚼♄	b
	08 59	♀△♆	
	09 59	☽∥♅	B
	16 59	☉⚺♀	
	19 28	☿⚼♅	
23	01 12	☽♈	
Fr	01 58	☽⚺♆	g
	02 57	☿∠♂	
	03 37	☽△☉	G
	09 38	☽⚼☿	b
	10 05	♂□♅	
	10 27	☽☌♅	B
	10 29	☽□♂	B
	16 47	☽□♇	B
	22 16	☉⊥♇	
24	01 34	☽✱♃	G
Sa	07 16	☽∠♆	b
	11 36	☽⚼☉	b
	18 01	☽#♀	G
	20 38	☽#♄	B
	22 51	♂✱♄	
25	00 06	☽#♆	D
Su	07 00	☽∠♃	b
	12 18	☽♉	
	13 08	☽✱♆	G
	18 26	♀∥♄	
	21 25	♀⊽♅	
	21 50	☽⚺♅	g
	21 53	☽☍♀	B
	22 12	☽#☿	G
26	00 30	☽☍♄	B
Mo	02 00	☽△♂	G
	04 36	☽△♇	G
	12 50	☽⚺♃	g
	14 15	☉△♅	
	18 27	♃±♄	
	22 17	♀∥♆	
	22 48	☿Stat	
27	00 05	♀±♃	
Tu	00 57	☽☍☿	B
	01 19	♀☌♄	
	04 06	☽∠♅	b
	10 26	☽⚼♂	b
	11 03	☽⚼♇	b
	20 17	♂☌♇	
28	00 56	☽#♇	D
We	00 58	☽♊	
	01 52	☽□♆	B
	03 30	☉⚺♄	
	10 33	☽✱♅	G
	12 03	☉#♃	
	14 46	☽☍☉	B
	16 02	♀✱♇	
29	01 04	☽•♃	G
Th	20 41	☽⚼♄	b
	22 33	♀✱♂	
30	01 03	☉⚺♇	
Fr	03 52	☽⚼♀	b
	13 55	☽♋	
	14 51	☽△♆	G
	16 23	♀±♅	
	22 58	☽⚼☿	b
	23 22	☽□♅	B

DECEMBER

1	03 18	☽△♄	G
Sa	03 58	☽#♇	D
	06 32	☿⚼♅	
	06 36	☽☍♇	B
	08 45	♀⊽♃	
	12 01	☽☍♂	B
	13 07	☽⚺♃	g
	13 40	☽△♀	G
	21 05	☽⚼♆	b
2	02 42	♂⊽♃	
Su	06 55	☽△☿	G
	17 59	☽⚼☉	b
	18 42	☽∠♃	b
3	01 07	☽#☿	G
Mo	01 45	☉☍♃	
	01 57	☽☊	
	09 44	☽#♀	G
	11 07	☽△♅	G
	15 30	☽□♄	B
	23 50	☽✱♃	G
4	02 04	☽△☉	G
Tu	04 07	☽#♆	D
	05 14	☽#♄	B
	07 38	☽□♀	B
	16 11	☽⚼♅	b
	18 32	☉⊥♄	
	22 07	☽□☿	B
	23 20	☽⚼♇	b
5	09 55	☽⚼♂	b
We	11 51	☽♍	
	12 51	☽☍♆	B
	13 25	☿∠♇	
6	01 14	☽✱♄	G
Th	03 35	☽△♇	G
	08 04	☽□♃	B
	15 01	☉⚺♂	
	15 31	☽△♂	G
	15 31	☽□☉	B
	16 20	☽∥♅	B
	21 54	☽✱♀	G
7	04 19	☽#♅	B
Fr	04 50	☽∠♄	b
	10 35	☽✱☿	G
	11 17	♂∠♆	
	18 35	☽♎	
	21 01	♀⚼♅	
8	02 43	☽☍♅	B
Sa	03 17	☽∠♀	b
	07 32	☽⚺♄	g
	09 27	☽□♇	B
	13 00	☽△♃	G
	15 21	☽∠☿	b
	17 34	♂±♃	
	21 16	♄∥♆	
	21 37	☽⚼♆	b
	23 34	☽□♂	B
9	00 37	☽✱☉	G
Su	07 31	☽⚺♀	g
	11 28	☽∥♆	D
	11 36	☽∥♄	B
	14 13	☽⚼♃	b
	19 07	☽⚺☿	g
	21 51	☽♏	
	22 49	☽△♆	G
10	03 36	☽∠☉	b
Mo	06 19	☉Q♆	
	10 21	☽☌♄	B

	11 56	☽✱♇	G		11 24	☿△♅			03 11	☿⋕♃			12 57	☽□♂	B		20 06	☽♋	
	21 48	☽∥♀	G		11 31	☽☌♇	D		05 17	☽□♀	B		15 03	♃▽♄			22 03	☽△♆	G
11	01 19	♀∠♇			12 21	☿∥♇			09 00	☽⚺♅	g		18 25	☽♉			22 13	♂⋕♃	
Tu	01 40	☿♐			14 38	☉∠♄			11 19	♀⊥♇			20 07	☽✱♆	G	28	05 34	☽□♅	B
	03 51	☽✱♂	G		18 44	☽∠♀	b		15 46	☽△♄	G		21 19	☽△☉	G	Fr	09 37	♀⊥♄	
	05 45	☽⚺☉	g		22 39	☽∠♆	b		15 53	♂⚼♃			22 09	☽⚼☿	b		10 21	☽☍☉	B
	05 48	☽⚼♅	b		22 51	☽∥♀	G		16 34	☽✱♇	G	23	03 46	☽⚺♅	g		10 50	☽⋕♇	D
	09 24	☽∥☿	G	15	06 49	☽∠☿	b		17 16	☽□♃	B	Su	03 50	♀☍♃			12 24	☽⚺♃	g
	12 11	☽∠♇	b	Sa	08 17	☽☌♂	B		17 21	☽∠♂	b		06 05	♀⚺♄			14 34	☽☍♇	B
	12 57	☿□♆			11 57	☽⚺☉	g		20 10	☽□☿	B		09 53	♀⚺♇			14 43	☽△♄	G
	13 08	☽☌♀	G		13 06	☽⚼♃	b	19	04 38	☽⋕♅	B		11 51	☽⚺♃	g	29	04 07	☽⚼♆	b
	22 22	☽♐			21 15	☽✱♀	G	We	08 08	♂⊥♆			12 13	☽☍♄	B	Sa	08 27	☉▽♃	
	22 31	☽∥♇	D		21 53	☽♒			10 38	♀∥♇			12 35	☽△♇	G		09 22	☿⊥♂	
	23 21	☽□♆	B		23 02	☽⚺♆	g		16 56	☽∥♅	B	24	06 30	☽⚼☉	b		17 58	☽∠♃	b
12	00 21	☽●☿	G	16	04 38	♀♐			19 29	☽⚼♄	b	Mo	06 30	☿Q♆		30	07 45	☽♌	
We	05 03	☽∠♂	b	Su	05 30	☽✱♅	G		21 38	♀△♅			10 10	☽∠♅	b	Su	13 34	☽⚼♀	b
	05 40	☽△♅	G		10 03	☽✱☿	G		22 44	☽✱♂	G		10 39	♀⋕♃			13 39	☉☌♇	
	10 43	☽⚺♄	g		11 27	☽□♄	B	20	05 19	☽□☉	B		19 08	☽⚼♇	b		14 47	☽☍♂	B
	12 02	☽⚺♇	g		12 25	☽⚺♇	g	Th	07 43	☽♈		25	05 58	☽△♂	G		17 01	☽△♅	G
	14 12	☽☍♃	B		13 38	☽△♃	G		09 13	☽⚺♆	g	Tu	07 13	☽♊			17 45	☉✱♄	
	19 39	☉∥♂			13 55	♂Q♅			16 34	☽☌♅	B		07 43	☽⋕♇	D		23 07	☽✱♃	G
13	00 57	♂Q♄			14 33	☽∠☉	b		18 40	☽△♀	G		09 04	☽□♆	B	31	02 14	☽□♄	B
Th	01 20	☿⊥♇			15 10	☿∠♂		21	00 52	☽□♇	B		16 45	☽✱♅	G	Mo	06 46	☽⋕♄	B
	05 59	☽⚺♂	g		18 23	♀□♆		Fr	00 54	☽✱♃	G		21 17	♀∥♂			10 28	♀Q♆	
	08 42	☽☌☉	D		19 11	☽∥♄	B		03 16	☿∥♂		26	00 18	☽●♃	G		11 48	☽⋕♆	D
	10 31	☽∠♄	b		20 48	☽∥♆	D		03 36	♃▽♇		We	00 49	♂♒			12 46	☽⚼☿	b
	12 01	♅Stat		17	01 08	☿⚺♄			10 32	☿⊥♄			01 31	☉□♅			14 03	☿♑	
	16 48	☽⚺♀	g	Mo	06 46	☽∠♅	b		11 12	☉♑			04 24	☉∥☿			19 46	♀∠♂	
	21 42	☽♑			10 25	☿⚺♇			12 13	☽△☿	G		09 09	☽☍♀	B		21 52	☽△♀	G
	22 45	☽✱♆	G		13 14	☽⚺♂	g		14 17	☽∠♆	b		14 41	☽⚼♂	b		22 04	☽⚼♅	b
14	04 22	☽⚺☿	g		14 00	☽∠♇	b	22	03 19	☽⚼♀	b	27	01 41	♄✱♇					
Fr	05 01	☽□♅	B		18 11	☽✱☉	G	Sa	05 42	☽⋕♆	D	Th	05 52	♂⚺♆					
	08 55	☽∥♇	D		19 22	☿☍♃			06 04	☽∠♃	b		06 50	☽☍☿	B				
	09 30	☽∥☿	G	18	00 48	☽♓			06 48	☉✱♆			08 21	☽⚼♄	b				
	10 24	☽✱♄	G	Tu	02 07	☽☌♆	D		08 52	☽⋕♄	B		19 13	☿∠♄					

DISTANCES APART OF ALL ☌s AND ☍s IN 2012

Note: The Distances Apart are in Declination

JANUARY

2	19	01	☽ ☍ ♄	5	46
2	23	14	☽ ☌ ♃	4	32
7	19	52	☽ ☍ ☿	1	22
8	11	23	☽ ☍ ♇	1	49
9	07	30	☽ ☍ ☉	2	55
12	05	28	☽ ☍ ♀	6	14
12	08	23	☽ ☍ ♆	5	13
13	13	03	☿ ☌ ♇	4	34
13	15	17	♀ ☌ ♆	1	01
14	00	36	☽ ☌ ♂	7	44
14	15	28	☽ ☍ ♅	5	11
16	15	00	☽ ☌ ♄	5	43
16	18	34	☽ ☍ ♃	4	21
21	12	31	☽ ☌ ♇	1	45
22	12	02	☽ ☌ ☿	4	38
23	07	39	☽ ☌ ☉	3	47
25	08	33	☽ ☌ ♆	5	10
26	13	12	☽ ☌ ♀	5	47
27	04	52	☽ ☍ ♂	8	00
27	21	39	☽ ☌ ♅	5	05
30	05	21	☽ ☍ ♄	5	39
30	11	29	☽ ☌ ♃	4	06

FEBRUARY

1	23	41	♀ ☍ ♂	2	45
4	22	07	☽ ☍ ♇	1	38
7	09	02	☉ ☌ ☿	1	58
7	21	54	☽ ☍ ☉	4	24
7	22	41	☽ ☍ ☿	6	22
8	17	51	☽ ☍ ♆	5	08
10	02	29	♀ ☌ ♅	0	17
10	05	11	☽ ☌ ♂	8	17
10	23	36	☽ ☍ ♅	4	58
11	01	24	☽ ☍ ♀	4	36
12	21	09	☽ ☌ ♄	5	35
13	05	12	☽ ☍ ♃	3	50
14	06	47	☿ ☌ ♆	1	07
17	20	41	☽ ☌ ♇	1	32
19	20	41	☉ ☌ ♆	0	31
21	18	47	☽ ☌ ♆	5	08
21	22	35	☽ ☌ ☉	4	38
23	00	35	☽ ☌ ☿	5	12
23	02	24	☽ ☍ ♂	8	27
23	11	25	☿ ☍ ♂	3	20
24	08	26	☽ ☌ ♅	4	52
25	19	00	☽ ☌ ♀	2	53
26	12	52	☽ ☍ ♄	5	33
27	03	43	☽ ☌ ♃	3	31

MARCH

3	08	46	☽ ☍ ♇	1	22
3	20	10	☉ ☍ ♂	3	51
4	11	18	♀ ☍ ♄	3	44
5	11	35	☿ ☌ ♅	2	17
7	05	30	☽ ☍ ♆	5	10
7	23	28	☽ ☌ ♂	8	26
8	09	39	☽ ☍ ☉	4	33
9	10	45	☽ ☍ ♅	4	48
9	15	01	☽ ☍ ☿	1	36
11	03	09	☽ ☌ ♄	5	32
11	16	31	☽ ☍ ♀	0	42
11	20	13	☽ ☍ ♃	3	12
14	05	54	♀ ☌ ♃	2	51
16	03	00	☽ ☌ ♇	1	15
18	17	22	☿ ☌ ♅	3	53
20	03	17	☽ ☌ ♆	5	12
20	14	25	☽ ☍ ♂	8	10
21	19	21	☉ ☌ ☿	3	00
22	11	50	☽ ☌ ☿	1	19
22	14	37	☽ ☌ ☉	4	11
22	18	36	☽ ☌ ♅	4	45
24	17	17	☽ ☍ ♄	5	33
24	18	20	☉ ☌ ♅	0	38
25	22	02	☽ ☌ ♃	2	53
26	19	26	☽ ☌ ♀	1	46
30	17	48	☽ ☍ ♇	1	06

APRIL

3	17	33	☽ ☍ ♆	5	18
3	21	16	☽ ☌ ♂	7	44
5	05	37	☽ ☍ ☿	4	34
5	23	54	☽ ☍ ♅	4	45
6	19	19	☽ ☍ ☉	3	34
7	10	15	☽ ☌ ♄	5	37
8	15	08	☽ ☍ ♃	2	35
10	00	27	☽ ☍ ♀	3	58
12	09	30	☽ ☌ ♇	1	01
15	18	26	☉ ☍ ♄	2	35
16	10	25	☽ ☌ ♆	5	21
16	12	44	☽ ☍ ♂	7	18
18	19	28	☽ ☌ ☿	6	28
19	03	45	☽ ☌ ♅	4	44
20	19	35	☽ ☍ ♄	5	40
21	07	18	☽ ☌ ☉	2	43
22	17	10	☽ ☌ ♃	2	16
22	20	29	☿ ☌ ♅	1	50
25	03	36	☽ ☌ ♀	5	42
27	00	31	☽ ☍ ♇	0	56

MAY

1	04	00	☽ ☍ ♆	5	26
1	08	27	☽ ☌ ♂	6	49
3	12	58	☽ ☍ ♅	4	45
4	14	10	☽ ☍ ☿	5	47
4	18	02	☽ ☌ ♄	5	44
6	01	07	☿ ☍ ♄	0	11
6	03	35	☽ ☍ ☉	1	39
6	12	14	☽ ☍ ♃	1	59
8	14	39	☽ ☍ ♀	6	08
9	17	34	☽ ☌ ♇	0	55
13	13	23	☉ ☌ ♃	0	46
13	17	24	☽ ☌ ♆	5	28
14	03	48	☽ ☍ ♂	6	24
16	12	11	☽ ☌ ♅	4	45
17	21	44	☽ ☍ ♄	5	46
20	04	37	☽ ☌ ☿	1	59
20	12	35	☽ ☌ ♃	1	41
20	23	47	☽ • ●	0	26
22	05	58	☿ ☌ ♃	0	22
22	21	24	☽ ☌ ♀	4	43
24	05	34	☽ ☍ ♇	0	55
27	11	19	☉ ☌ ☿	0	30
28	11	46	☽ ☍ ♆	5	29
29	06	29	☽ ☌ ♂	5	55
30	23	56	☽ ☍ ♅	4	45

JUNE

1	01	31	☽ ☌ ♄	5	46
1	20	31	☿ ☌ ♀	0	12
3	09	29	☽ ☍ ♃	1	23
4	11	12	☽ • ☉	0	50
4	15	02	☽ ☍ ♀	1	33
5	05	08	☽ ☍ ☿	3	33
6	01	09	☉ ☌ ♀	0	09
6	02	55	☽ ☌ ♇	0	57
10	01	09	☽ ☌ ♆	5	29
11	07	16	☽ ☍ ♂	5	30
12	01	04	☿ ☍ ♇	5	55
12	20	28	☽ ☌ ♅	4	43
14	01	55	☽ ☍ ♄	5	44
17	07	58	☽ • ♃	1	06
18	00	13	☽ ☌ ♀	2	02
19	15	02	☽ ☌ ☉	2	07
20	10	16	☽ ☍ ♇	0	58
21	16	48	☽ ☌ ☿	5	27
24	17	15	☽ ☍ ♆	5	26
26	10	53	☽ ☌ ♂	4	56
27	07	54	☽ ☍ ♅	4	39
28	08	22	☽ ☌ ♄	5	37
29	15	02	☉ ☍ ♇	3	51

JULY

1	05	05	☽ ☍ ♃	0	48
1	10	42	☽ ☍ ♀	3	50
3	12	12	☽ ☌ ♇	0	59
3	18	52	☽ ☍ ☉	3	09
5	16	00	☽ ☍ ☿	3	44
7	09	39	☽ ☌ ♆	5	23
9	18	41	☽ ☍ ♂	4	23
10	04	47	☽ ☌ ♅	4	35
11	09	23	☽ ☍ ♄	5	30
15	02	56	☽ • ♃	0	30
15	14	30	☽ ☌ ♀	3	48
17	15	48	☽ ☍ ♇	0	58
19	02	55	♂ ☍ ♅	0	35
19	04	24	☽ ☌ ☉	4	00
20	07	34	☽ • ☿	0	30
21	22	05	☽ ☍ ♆	5	20
24	13	26	☽ ☍ ♅	4	30
24	19	09	☽ ☌ ♂	3	40
25	15	22	☽ ☌ ♄	5	18
28	19	57	☉ ☌ ☿	4	49
28	21	37	☽ ☍ ♃	0	11
29	19	07	☽ ☍ ♀	2	33
30	20	04	☽ ☌ ♇	0	55

AUGUST

1	15	58	☽ ☍ ☿	0	14
2	03	27	☽ ☍ ☉	4	30
3	18	04	☽ ☌ ♆	5	17
6	12	51	☽ ☌ ♅	4	26
7	11	27	☽ ☍ ♂	2	57
7	20	04	☽ ☍ ♄	5	06
11	20	32	☽ • ♃	0	07
13	19	45	☽ • ♀	0	33
13	22	41	☽ ☍ ♇	0	49
15	09	11	♀ ☍ ♇	0	28
15	10	35	♂ ☌ ♄	2	30
16	03	24	☽ ☌ ☿	3	17
17	15	54	☽ ☌ ☉	4	42
18	03	57	☽ ☍ ♆	5	16
20	18	25	☽ ☍ ♅	4	21
22	00	00	☽ ☌ ♄	4	53
22	06	24	☽ ☌ ♂	2	05
24	12	32	☉ ☍ ♆	0	35
25	10	25	☽ ☍ ♃	0	23
27	02	06	☽ ☌ ♇	0	4
28	00	02	☽ ☍ ♀	1	2
30	17	48	☽ ☍ ☿	6	1
31	01	20	☽ ☌ ♆	5	1
31	13	58	☽ ☍ ☉	4	3

SEPTEMBER

1	21	16	☿ ☍ ♆	1	0
2	19	59	☽ ☌ ♅	4	1
4	08	54	☽ ☍ ♄	4	4
5	08	08	☽ ☍ ♂	1	1
8	11	13	☽ • ♃	0	3
10	06	38	☽ ☍ ♇	0	3
10	12	44	☉ ☌ ☿	1	3
12	15	16	☽ ☌ ♀	3	2
14	11	35	☽ ☍ ♆	5	1
16	02	11	☽ ☌ ☉	4	1
16	11	26	☽ ☌ ☿	5	0
17	00	42	☽ ☍ ♅	4	1
18	11	30	☽ ☌ ♄	4	2
19	20	33	☽ • ♂	0	0
20	22	23	☿ ☍ ♅	0	0
21	19	41	☽ ☍ ♃	0	4
23	07	19	☽ ☌ ♇	0	2
26	15	27	☽ ☍ ♀	4	4
27	07	00	☽ ☌ ♆	5	2
29	07	15	☉ ☍ ♅	0	4
30	01	41	☽ ☌ ♅	4	1
30	03	19	☽ ☍ ☉	3	3

OCTOBER

1	11	36	☽ ☍ ☿	2	1
1	22	32	☽ ☍ ♄	4	1
3	22	26	♀ ☍ ♆	0	1
4	07	44	☽ ☍ ♂	0	5
5	09	44	☿ ☌ ♄	2	5
5	21	08	☽ • ♃	0	5
7	14	55	☽ ☍ ♇	0	1
11	20	29	☽ ☍ ♆	5	2
12	14	36	☽ ☌ ♀	5	2
14	08	55	☽ ☍ ♅	4	2
15	12	02	☽ ☌ ☉	2	4
16	02	04	☽ ☌ ♄	4	1
17	02	23	☽ • ☿	1	1
18	13	41	☽ ☌ ♂	2	0
19	02	32	☽ ☍ ♃	0	5
20	13	50	☽ ☌ ♇	0	0
24	11	49	☽ ☌ ♆	5	2
25	08	32	☉ ☌ ♄	2	0
26	15	04	☽ ☍ ♀	5	2
27	06	06	☽ ☌ ♅	4	2
28	12	54	♂ ☍ ♃	1	5
29	11	55	☽ ☍ ♄	4	0
29	19	49	☽ ☍ ☉	1	3
31	22	55	☽ ☍ ☿	3	2

NOVEMBER

1	22	05	♀ ☍ ♅	0	4
2	01	18	☽ • ♃	0	5
2	09	21	☽ ☍ ♂	3	0
3	22	54	☽ ☍ ♇	0	0
8	05	15	☽ ☍ ♆	5	3
10	18	09	☽ ☍ ♅	4	2
11	14	13	☽ ☌ ♀	4	4
12	18	28	☽ ☌ ♄	3	5
13	22	08	☽ • ●	0	2

Note: The Distances Apart are in Declination

4	10 39	☽ ● ☿	1 01	27	20 17	♂ ☌ ♇	4 32	11	13 08	☽ ☌ ♀	1 33	26	00 18	☽ ● ♃	0 25
5	08 25	☽ ☍ ♃	0 47	28	14 46	☽ ☍ ☉	0 58	12	00 21	☽ ● ☿	1 06	26	09 09	☽ ☍ ♀	0 36
6	09 44	☽ ☌ ♂	4 02	29	01 04	☽ ● ♃	0 38	12	14 12	☽ ☍ ♃	0 30	27	06 50	☽ ☍ ☿	2 43
6	23 18	☽ ☌ ♇	0 07	DECEMBER				13	08 42	☽ ☌ ☉	2 17	28	10 21	☽ ☍ ☉	3 26
7	15 47	☉ ☌ ☿	0 24					14	11 31	☽ ☌ ♇	0 12	28	14 34	☽ ☍ ♇	0 14
20	17 37	☽ ☌ ♆	5 32	1	06 36	☽ ☍ ♇	0 10	15	08 17	☽ ☌ ♂	5 26	30	13 39	☉ ☌ ♇	3 19
23	10 27	☽ ☌ ♅	4 28	1	12 01	☽ ☍ ♂	4 52	17	19 22	☿ ☍ ♃	0 07	30	14 47	☽ ☍ ♂	5 46
25	21 53	☽ ☍ ♀	3 28	3	01 45	☉ ☍ ♃	0 47	18	02 07	☽ ☌ ♆	5 27				
26	00 30	☽ ☍ ♄	3 51	5	12 51	☽ ☍ ♆	5 30	20	16 34	☽ ☌ ♅	4 23				
27	00 57	☽ ☍ ☿	3 06	8	02 43	☽ ☍ ♅	4 26	23	03 50	♀ ☍ ♃	0 18				
27	01 19	♀ ☌ ♄	0 30	10	10 21	☽ ☌ ♄	3 44	23	12 13	☽ ☍ ♄	3 38				

PHENOMENA IN 2012

d h	JANUARY
2 20	☽ in Apogee
5 01	⊕ in perihelion
6 22	☽ Max. Dec.22°N32′
7 21	☿ ☋
13 17	☽ Zero Dec.
17 21	☽ in Perigee
18 06	☿ in aphelion
20 02	☽ Max. Dec.22°S29′
26 19	☽ Zero Dec.
30 18	☽ in Apogee
	FEBRUARY
3 07	☽ Max. Dec.22°N24′
10 00	☽ Zero Dec.
11 19	☽ in Perigee
15 21	♂ in aphelion
16 04	♀ ☊
16 09	☽ Max. Dec.22°S18′
23 04	☽ Zero Dec.
26 13	☿ ☊
27 14	☽ in Apogee
	MARCH
1 16	☽ Max. Dec.22°N09′
2 05	☿ in perihelion
5 09	☿ Gt.Elong. 18 ° E.
8 10	☽ Zero Dec.
10 10	☽ in Perigee
14 14	☽ Max. Dec.22°S02′
20 05	☉ enters ♈,Equinox
21 01	♀ in perihelion
21 12	☽ Zero Dec.
26 06	☽ in Apogee
27 07	♀ Gt.Elong. 46 ° E.
29 00	☽ Max. Dec.21°N53′
	APRIL
4 20	☿ ☋
4 21	☽ Zero Dec.
7 17	☽ in Perigee
10 21	☽ Max. Dec.21°S49′
15 05	☿ in aphelion
17 17	☽ Zero Dec.
18 17	☿ Gt.Elong. 27 ° W.
22 14	☽ in Apogee
25 06	☽ Max. Dec.21°N44′

d h	MAY
2 06	☽ Zero Dec.
6 04	☽ in Perigee
8 06	☽ Max. Dec.21°S43′
14 22	☽ Zero Dec.
19 16	☽ in Apogee
21 00	● Annular eclipse
22 11	☽ Max. Dec.21°N43′
24 13	☿ ☊
29 05	☿ in perihelion
29 14	☽ Zero Dec.
	JUNE
3 13	☽ in Perigee
4 11	◗ Partial eclipse
4 17	☽ Max. Dec.21°S43′
6 17	♀ ☋
11 05	☽ Zero Dec.
16 02	☽ in Apogee
18 18	☽ Max. Dec.21°N43′
20 23	☉ enters ♋,Solstice
25 20	☽ Zero Dec.
	JULY
1 02	☿ Gt.Elong. 26 ° E.
1 18	☽ in Perigee
1 20	☿ ☋
2 04	☽ Max. Dec.21°S42′
5 04	⊕ in aphelion
8 14	☽ Zero Dec.
11 13	♀ in aphelion
12 04	☿ in aphelion
13 17	☽ in Apogee
16 01	☽ Max. Dec.21°N40′
23 03	☽ Zero Dec.
24 22	♂ ☋
29 09	☽ in Perigee
29 12	☽ Max. Dec.21°S36′
	AUGUST
5 00	☽ Zero Dec.
10 11	☽ in Apogee
12 10	☽ Max. Dec.21°N30′
15 09	♀ Gt.Elong. 46 ° W.
16 12	☿ Gt.Elong. 19 ° W.
19 10	☽ Zero Dec.
20 12	☿ ☊
23 19	☽ in Perigee
25 04	☿ in perihelion
25 19	☽ Max. Dec.21°S23′

d h	SEPTEMBER
1 09	☽ Zero Dec.
7 06	☽ in Apogee
8 18	☽ Max. Dec.21°N15′
15 18	☽ Zero Dec.
19 03	☽ in Perigee
22 00	☽ Max. Dec.21°S08′
22 15	☉ enters ♎,Equinox
27 19	☿ ☋
27 20	♀ ☊
28 16	☽ Zero Dec.
	OCTOBER
5 01	☽ in Apogee
6 02	☽ Max. Dec.21°N02′
8 04	☿ in aphelion
13 04	☽ Zero Dec.
17 01	☽ in Perigee
19 07	☽ Max. Dec.20°S58′
25 22	☽ Zero Dec.
26 15	☿ Gt.Elong. 24 ° E.
31 21	♀ in perihelion
	NOVEMBER
1 15	☽ in Apogee
2 08	☽ Max. Dec.20°N55′
9 14	☽ Zero Dec.
13 22	● Total eclipse
14 10	☽ in Perigee
15 16	☽ Max. Dec.20°S55′
16 11	☿ ☊
21 03	☿ in perihelion
22 03	☽ Zero Dec.
28 19	☽ in Apogee
29 15	☽ Max. Dec.20°N56′
	DECEMBER
4 23	☿ Gt.Elong. 21 ° W.
6 22	☽ Zero Dec.
12 23	☽ in Perigee
13 04	☽ Max. Dec.20°S56′
19 11	☽ Zero Dec.
21 11	☉ enters ♑,Solstice
24 18	☿ ☋
25 21	☽ in Apogee
26 21	☽ Max. Dec.20°N56′

LOCAL MEAN TIME OF SUNRISE FOR LATITUDES
60° North to 50° South
FOR ALL SUNDAYS IN 2012 (ALL TIMES ARE A.M.)

	Northern Latitudes								Southern Latitudes					
Date	London	60°	55°	50°	40°	30°	20°	10°	0°	10°	20°	30°	40°	50°
2012	H M	H M	H M	H M	H M	H M	H M	H M	H M	H M	H M	H M	H M	H M
Jan. 1	8 6	9 3	8 25	7 59	7 22	6 56	6 35	6 17	6 0	5 43	5 24	5 2	4 35	3 55
„ 8	8 4	8 58	8 23	7 57	7 22	6 57	6 37	6 20	6 3	5 46	5 28	5 8	4 41	4 3
„ 15	8 0	8 49	8 17	7 53	7 20	6 57	6 38	6 21	6 6	5 50	5 33	5 13	4 48	4 13
„ 22	7 53	8 37	8 8	7 47	7 17	6 55	6 38	6 22	6 8	5 53	5 38	5 19	4 56	4 24
„ 29	7 44	8 22	7 57	7 39	7 12	6 52	6 37	6 23	6 10	5 56	5 42	5 26	5 5	4 36
Feb. 5	7 33	8 6	7 44	7 29	7 5	6 48	6 34	6 22	6 11	5 59	5 46	5 32	5 13	4 48
„ 12	7 21	7 48	7 30	7 17	6 57	6 43	6 31	6 21	6 11	6 1	5 50	5 38	5 22	5 0
„ 19	7 7	7 29	7 15	7 4	6 48	6 37	6 27	6 19	6 10	6 2	5 53	5 43	5 30	5 13
„ 26	6 53	7 9	6 58	6 50	6 39	6 30	6 22	6 16	6 10	6 3	5 56	5 48	5 38	5 25
Mar. 4	6 38	6 48	6 41	6 36	6 28	6 22	6 17	6 13	6 8	6 4	5 59	5 53	5 46	5 36
„ 11	6 22	6 27	6 24	6 21	6 17	6 14	6 11	6 9	6 6	6 4	6 1	5 58	5 54	5 48
„ 18	6 6	6 6	6 6	6 6	6 6	6 6	6 5	6 5	6 4	6 4	6 3	6 2	6 1	5 59
„ 25	5 50	5 45	5 48	5 51	5 54	5 57	5 59	6 1	6 2	6 4	6 5	6 7	6 8	6 10
Apr. 1	5 34	5 24	5 30	5 35	5 43	5 49	5 53	5 57	6 0	6 4	6 7	6 11	6 15	6 21
„ 8	5 18	5 2	5 13	5 21	5 32	5 40	5 47	5 53	5 58	6 3	6 9	6 15	6 22	6 32
„ 15	5 3	4 42	4 55	5 6	5 21	5 33	5 42	5 49	5 56	6 4	6 11	6 19	6 29	6 43
„ 22	4 48	4 21	4 39	4 52	5 11	5 25	5 36	5 46	5 55	6 4	6 13	6 24	6 36	6 54
„ 29	4 35	4 2	4 23	4 39	5 2	5 18	5 32	5 43	5 54	6 4	6 15	6 28	6 43	7 4
May 6	4 22	3 43	4 8	4 27	4 54	5 13	5 28	5 41	5 53	6 5	6 18	6 32	6 50	7 15
„ 13	4 10	3 26	3 55	4 16	4 46	5 8	5 25	5 39	5 53	6 6	6 21	6 37	6 57	7 25
„ 20	4 1	3 10	3 43	4 7	4 40	5 4	5 22	5 38	5 53	6 8	6 23	6 41	7 3	7 34
„ 27	3 53	2 56	3 34	4 0	4 36	5 1	5 21	5 38	5 54	6 9	6 26	6 45	7 9	7 42
June 3	3 47	2 46	3 26	3 54	4 32	4 59	5 20	5 38	5 55	6 11	6 29	6 49	7 14	7 50
„ 10	3 43	2 39	3 22	3 51	4 31	4 58	5 20	5 39	5 56	6 13	6 31	6 52	7 18	7 55
„ 17	3 42	2 36	3 20	3 50	4 31	4 59	5 21	5 40	5 57	6 15	6 33	6 55	7 21	7 59
„ 24	3 44	2 37	3 22	3 52	4 32	5 0	5 22	5 41	5 59	6 16	6 35	6 56	7 23	8 0
July 1	3 48	2 43	3 26	3 55	4 35	5 3	5 24	5 43	6 0	6 18	6 36	6 57	7 23	8 0
„ 8	3 53	2 52	3 33	4 1	4 39	5 6	5 27	5 45	6 2	6 18	6 36	6 56	7 21	7 57
„ 15	4 1	3 5	3 42	4 8	4 44	5 9	5 29	5 47	6 2	6 18	6 35	6 54	7 18	7 51
„ 22	4 10	3 19	3 53	4 16	4 50	5 13	5 32	5 48	6 3	6 18	6 33	6 51	7 13	7 44
„ 29	4 20	3 35	4 4	4 26	4 56	5 17	5 34	5 49	6 3	6 16	6 31	6 47	7 7	7 35
Aug. 5	4 30	3 51	4 17	4 36	5 2	5 22	5 37	5 50	6 2	6 15	6 27	6 42	7 0	7 25
„ 12	4 41	4 8	4 30	4 46	5 9	5 26	5 39	5 51	6 1	6 12	6 23	6 36	6 52	7 13
„ 19	4 52	4 25	4 43	4 56	5 16	5 30	5 41	5 51	6 0	6 9	6 18	6 29	6 42	7 0
„ 26	5 4	4 42	4 56	5 6	5 22	5 34	5 43	5 51	5 58	6 5	6 13	6 22	6 32	6 46
Sept. 2	5 15	4 58	5 9	5 17	5 29	5 38	5 45	5 51	5 56	6 1	6 7	6 13	6 21	6 31
„ 9	5 26	5 15	5 22	5 27	5 35	5 41	5 46	5 50	5 54	5 57	6 1	6 5	6 10	6 16
„ 16	5 37	5 31	5 35	5 38	5 42	5 45	5 47	5 50	5 51	5 53	5 55	5 56	5 58	6 1
„ 23	5 48	5 47	5 48	5 48	5 49	5 49	5 49	5 49	5 49	5 49	5 48	5 48	5 47	5 45
„ 30	6 0	6 4	6 1	5 59	5 56	5 53	5 51	5 48	5 46	5 44	5 42	5 39	5 35	5 30
Oct. 7	6 11	6 21	6 15	6 10	6 2	5 57	5 52	5 48	5 44	5 40	5 36	5 30	5 24	5 15
„ 14	6 23	6 38	6 28	6 21	6 10	6 1	5 54	5 48	5 42	5 36	5 30	5 22	5 13	5 0
„ 21	6 35	6 55	6 42	6 32	6 17	6 6	5 57	5 49	5 41	5 33	5 25	5 15	5 3	4 46
„ 28	6 47	7 13	6 56	6 44	6 25	6 11	6 0	5 50	5 40	5 31	5 20	5 8	4 53	4 33
Nov. 4	7 0	7 31	7 11	6 55	6 33	6 16	6 3	5 51	5 40	5 29	5 17	5 2	4 45	4 20
„ 11	7 12	7 49	7 25	7 7	6 41	6 22	6 7	5 53	5 41	5 28	5 14	4 58	4 38	4 9
„ 18	7 24	8 7	7 39	7 18	6 49	6 28	6 11	5 56	5 42	5 28	5 12	4 54	4 32	4 0
„ 25	7 35	8 23	7 52	7 29	6 57	6 34	6 15	5 59	5 44	5 28	5 11	4 52	4 28	3 53
Dec. 2	7 46	8 38	8 4	7 39	7 4	6 40	6 20	6 2	5 46	5 30	5 12	4 51	4 25	3 48
„ 9	7 54	8 51	8 13	7 47	7 11	6 45	6 24	6 6	5 49	5 32	5 13	4 52	4 25	3 45
„ 16	8 1	8 59	8 21	7 53	7 16	6 49	6 28	6 10	5 52	5 35	5 16	4 54	4 26	3 46
„ 23	8 5	9 4	8 25	7 57	7 20	6 53	6 32	6 13	5 56	5 38	5 19	4 57	4 29	3 48
„ 30	8 6	9 4	8 26	7 59	7 22	6 56	6 35	6 16	5 59	5 42	5 23	5 1	4 34	3 54
2013 Jan. 6	8 5	8 59	8 23	7 58	7 22	6 57	6 37	6 19	6 2	5 46	5 28	5 7	4 40	4 2

Example:—To find the time of Sunrise in Jamaica. (Latitude 18° N.) On Thursday June 7th 2012. On June 3rd. L.M.T. = 5h. 20m. + $\frac{0}{10}$ × 18m. = 5h. 24m. on June 10th. L.M.T. = 5h. 20m. + $\frac{2}{10}$ × 19m. = 5h. 24m., therefore L.M.T. on June 7th. = 5h. 24m. + $\frac{4}{7}$ × 0m. = 5h. 24m. A.M.

LOCAL MEAN TIME OF SUNSET FOR LATITUDES
60° North to 50° South
FOR ALL SUNDAYS IN 2012 (ALL TIMES ARE P.M.)

	Northern Latitudes								Southern Latitudes					
Date	London	60°	55°	50°	40°	30°	20°	10°	0°	10°	20°	30°	40°	50°
2012	H M	H M	H M	H M	H M	H M	H M	H M	H M	H M	H M	H M	H M	H M
Jan. 1	4 1	3 4	3 41	4 8	4 45	5 11	5 31	5 50	6 7	6 24	6 43	7 4	7 32	8 12
,, 8	4 9	3 15	3 50	4 16	4 51	5 16	5 36	5 53	6 10	6 27	6 45	7 5	7 32	8 10
,, 15	4 19	3 30	4 2	4 25	4 58	5 22	5 41	5 57	6 13	6 28	6 46	7 5	7 30	8 6
,, 22	4 30	3 46	4 15	4 36	5 6	5 28	5 45	6 0	6 15	6 30	6 45	7 4	7 27	7 59
,, 29	4 42	4 4	4 29	4 48	5 14	5 34	5 50	6 3	6 17	6 30	6 44	7 1	7 21	7 50
Feb. 5	4 55	4 22	4 44	5 0	5 23	5 40	5 54	6 6	6 18	6 29	6 42	6 56	7 15	7 40
,, 12	5 8	4 41	4 58	5 12	5 31	5 46	5 57	6 8	6 18	6 28	6 39	6 51	7 7	7 28
,, 19	5 21	4 59	5 13	5 24	5 39	5 51	6 1	6 9	6 17	6 26	6 35	6 45	6 58	7 15
,, 26	5 33	5 17	5 28	5 36	5 48	5 56	6 4	6 10	6 17	6 23	6 30	6 38	6 48	7 2
Mar. 4	5 46	5 35	5 42	5 47	5 55	6 1	6 6	6 11	6 15	6 20	6 24	6 30	6 37	6 47
,, 11	5 58	5 53	5 56	5 59	6 3	6 6	6 9	6 11	6 13	6 16	6 19	6 22	6 26	6 32
,, 18	6 10	6 10	6 10	6 10	6 10	6 10	6 11	6 11	6 11	6 12	6 13	6 14	6 15	6 17
,, 25	6 22	6 27	6 24	6 21	6 17	6 15	6 13	6 11	6 9	6 8	6 7	6 5	6 4	6 2
Apr. 1	6 33	6 44	6 37	6 32	6 24	6 19	6 14	6 11	6 7	6 4	6 1	5 57	5 52	5 46
,, 8	6 45	7 1	6 51	6 43	6 31	6 23	6 16	6 11	6 5	6 0	5 55	5 49	5 41	5 32
,, 15	6 57	7 18	7 4	6 54	6 38	6 27	6 18	6 11	6 3	5 56	5 49	5 41	5 31	5 17
,, 22	7 8	7 36	7 18	7 5	6 46	6 32	6 21	6 11	6 2	5 53	5 44	5 33	5 21	5 3
,, 29	7 20	7 53	7 32	7 16	6 53	6 36	6 23	6 11	6 1	5 50	5 39	5 27	5 11	4 50
May 6	7 31	8 10	7 45	7 26	7 0	6 41	6 25	6 12	6 0	5 48	5 35	5 21	5 3	4 39
,, 13	7 42	8 27	7 58	7 36	7 6	6 45	6 28	6 13	6 0	5 46	5 32	5 16	4 56	4 28
,, 20	7 52	8 43	8 10	7 46	7 13	6 49	6 31	6 15	6 0	5 45	5 30	5 12	4 50	4 19
,, 27	8 2	8 58	8 21	7 55	7 19	6 54	6 34	6 17	6 1	5 45	5 28	5 9	4 45	4 12
June 3	8 10	9 10	8 30	8 2	7 24	6 57	6 36	6 18	6 2	5 45	5 27	5 7	4 42	4 7
,, 10	8 16	9 20	8 37	8 8	7 28	7 1	6 39	6 20	6 3	5 46	5 28	5 7	4 41	4 4
,, 17	8 20	9 26	8 41	8 12	7 31	7 3	6 41	6 22	6 4	5 47	5 28	5 7	4 41	4 3
,, 24	8 21	9 28	8 43	8 13	7 33	7 5	6 42	6 23	6 6	5 48	5 30	5 9	4 42	4 4
July 1	8 20	9 25	8 42	8 12	7 33	7 5	6 43	6 25	6 7	5 50	5 32	5 11	4 45	4 8
,, 8	8 17	9 18	8 37	8 9	7 31	7 4	6 43	6 25	6 9	5 52	5 34	5 14	4 49	4 13
,, 15	8 11	9 7	8 30	8 4	7 28	7 3	6 43	6 25	6 9	5 54	5 37	5 18	4 54	4 20
,, 22	8 3	8 54	8 20	7 56	7 23	7 0	6 41	6 25	6 10	5 55	5 39	5 22	4 59	4 29
,, 29	7 53	8 38	8 8	7 47	7 17	6 55	6 38	6 24	6 10	5 56	5 42	5 26	5 5	4 38
Aug. 5	7 41	8 21	7 55	7 36	7 9	6 50	6 35	6 22	6 9	5 57	5 44	5 30	5 12	4 47
,, 12	7 29	8 2	7 40	7 24	7 1	6 44	6 31	6 19	6 8	5 58	5 47	5 34	5 18	4 57
,, 19	7 15	7 42	7 24	7 11	6 51	6 37	6 26	6 16	6 7	5 58	5 49	5 38	5 25	5 7
,, 26	7 0	7 22	7 8	6 57	6 41	6 30	6 20	6 12	6 5	5 58	5 50	5 42	5 31	5 18
Sept. 2	6 44	7 1	6 50	6 42	6 30	6 22	6 15	6 9	6 3	5 58	5 52	5 46	5 38	5 28
,, 9	6 29	6 40	6 33	6 27	6 19	6 13	6 8	6 4	6 1	5 57	5 53	5 49	5 45	5 38
,, 16	6 13	6 19	6 15	6 12	6 7	6 4	6 2	6 0	5 58	5 57	5 55	5 53	5 51	5 49
,, 23	5 56	5 57	5 57	5 56	5 56	5 56	5 56	5 56	5 56	5 56	5 56	5 57	5 58	5 59
,, 30	5 40	5 36	5 39	5 41	5 44	5 47	5 49	5 51	5 53	5 56	5 58	6 1	6 5	6 10
Oct. 7	5 24	5 15	5 21	5 26	5 33	5 39	5 43	5 47	5 51	5 55	6 0	6 5	6 12	6 21
,, 14	5 9	4 54	5 4	5 11	5 22	5 30	5 37	5 44	5 49	5 55	6 2	6 9	6 19	6 32
,, 21	4 54	4 34	4 47	4 57	5 12	5 23	5 32	5 40	5 48	5 56	6 4	6 14	6 26	6 43
,, 28	4 40	4 15	4 31	4 44	5 3	5 16	5 28	5 38	5 47	5 57	6 7	6 19	6 34	6 55
Nov. 4	4 28	3 56	4 16	4 32	4 54	5 11	5 24	5 36	5 47	5 58	6 11	6 25	6 42	7 7
,, 11	4 16	3 39	4 3	4 21	4 47	5 6	5 21	5 35	5 48	6 0	6 14	6 30	6 50	7 19
,, 18	4 7	3 24	3 52	4 12	4 41	5 3	5 20	5 35	5 49	6 3	6 18	6 36	6 59	7 30
,, 25	3 59	3 11	3 42	4 5	4 37	5 0	5 19	5 35	5 51	6 6	6 23	6 42	7 7	7 41
Dec. 2	3 54	3 1	3 36	4 0	4 35	5 0	5 19	5 37	5 53	6 10	6 27	6 48	7 14	7 51
,, 9	3 51	2 55	3 32	3 58	4 34	5 0	5 21	5 39	5 56	6 13	6 32	6 53	7 20	8 0
,, 16	3 51	2 52	3 31	3 58	4 36	5 2	5 23	5 42	5 59	6 17	6 36	6 58	7 26	8 6
,, 23	3 54	2 55	3 34	4 1	4 39	5 5	5 27	5 45	6 3	6 20	6 39	7 1	7 30	8 10
,, 30	3 59	3 2	3 40	4 7	4 44	5 10	5 31	5 49	6 6	6 24	6 42	7 4	7 32	8 12
2013 Jan. 6	4 7	3 13	3 49	4 14	4 50	5 15	5 35	5 53	6 9	6 26	6 44	7 5	7 32	8 10

Example:—To find the time of Sunset in Canberra (Latitude 35.3° S.) on Friday July 27th. 2012. On July 22nd. L.M.T. = 5h. 22m. − $\frac{5 \cdot 3}{10}$ × 23m. = 5h. 10m., On July 29th. L.M.T. = 5h. 26m. − $\frac{5 \cdot 3}{10}$ × 19m. = 5h. 16m., therefore L.M.T. on July 27th. = 5h. 10m. + $\frac{5}{7}$ × 6m. = 5h. 14m. P.M.

TABLES OF HOUSES FOR LONDON, Latitude 51° 32' *N.*

Sidereal Time.	10 ♈	11 ♉	12 ♊	Ascen ♋	2 ♌	3 ♍
H. M. S.	°	°	°	° '	°	°
0 0 0	0	9	22	26 36	12	3
0 3 40	1	10	23	27 17	13	3
0 7 20	2	11	24	27 56	14	4
0 11 0	3	12	25	28 42	15	5
0 14 41	4	13	25	29 17	15	6
0 18 21	5	14	26	29 55	16	7
0 22 2	6	15	27	0♌34	17	8
0 25 42	7	16	28	1 14	18	8
0 29 23	8	17	29	1 55	18	9
0 33 4	9	18	♋	2 33	19	10
0 36 45	10	19	1	3 14	20	11
0 40 26	11	20	1	3 54	20	12
0 44 8	12	21	2	4 33	21	13
0 47 50	13	22	3	5 12	22	14
0 51 32	14	23	4	5 52	23	15
0 55 14	15	24	5	6 30	23	15
0 58 57	16	25	6	7 9	24	16
1 2 40	17	26	6	7 50	25	17
1 6 23	18	27	7	8 30	26	18
1 10 7	19	28	8	9 9	26	19
1 13 51	20	29	9	9 48	27	19
1 17 35	21	♊	10	10 28	28	20
1 21 20	22	1	10	11 8	28	21
1 25 6	23	2	11	11 48	29	22
1 28 52	24	3	12	12 28	♍	23
1 32 38	25	4	13	13 8	1	24
1 36 25	26	5	14	13 48	1	25
1 40 12	27	6	14	14 28	2	25
1 44 0	28	7	15	15 8	3	26
1 47 48	29	8	16	15 48	4	27
1 51 37	30	9	17	16 28	4	28

Sidereal Time.	10 ♉	11 ♊	12 ♋	Ascen ♌	2 ♍	3 ♍
H. M. S.	°	°	°	° '	°	°
1 51 37	0	9	17	16 28	4	28
1 55 27	1	10	18	17 8	5	29
1 59 17	2	11	19	17 48	6	♎
2 3 8	3	12	19	18 28	7	1
2 6 59	4	13	20	19 9	8	2
2 10 51	5	14	21	19 49	9	2
2 14 44	6	15	22	20 29	9	3
2 18 37	7	16	22	21 10	10	4
2 22 31	8	17	23	21 51	11	5
2 26 25	9	18	24	22 32	11	6
2 30 20	10	19	25	23 14	12	7
2 34 16	11	20	25	23 55	13	8
2 38 13	12	21	26	24 36	14	9
2 42 10	13	22	27	25 17	15	10
2 46 8	14	23	28	25 58	15	11
2 50 7	15	24	29	26 40	16	12
2 54 7	16	25	29	27 22	17	12
2 58 7	17	26	♌	28 4	18	13
3 2 8	18	27	1	28 46	18	14
3 6 9	19	27	2	29 28	19	15
3 10 12	20	28	3	0♍12	20	16
3 14 15	21	29	3	0 54	21	17
3 18 19	22	♋	4	1 36	22	18
3 22 23	23	1	5	2 20	22	19
3 26 29	24	2	6	3 2	23	20
3 30 35	25	3	7	3 45	24	21
3 34 41	26	4	7	4 28	25	22
3 38 49	27	5	8	5 11	26	23
3 42 57	28	6	9	5 54	27	24
3 47 6	29	7	10	6 38	27	25
3 51 15	30	8	11	7 21	28	25

Sidereal Time.	10 ♊	11 ♋	12 ♌	Ascen ♍	2 ♍	3 ♎
H. M. S.	°	°	°	° '	°	°
3 51 15	0	8	11	7 21	28	25
3 55 25	1	9	12	8 5	29	26
3 59 36	2	10	12	8 49	♎	27
4 3 48	3	10	13	9 33	1	28
4 8 0	4	11	14	10 17	2	29
4 12 13	5	12	15	11 2	2	♏
4 16 26	6	13	16	11 46	3	1
4 20 40	7	14	17	12 30	4	2
4 24 55	8	15	17	13 15	5	3
4 29 10	9	16	18	14 0	6	4
4 33 26	10	17	19	14 45	7	5
4 37 42	11	18	20	15 30	8	6
4 41 59	12	19	21	16 15	8	7
4 46 16	13	20	21	17 0	9	8
4 50 34	14	21	22	17 45	10	9
4 54 52	15	22	23	18 30	11	10
4 59 10	16	23	24	19 16	12	11
5 3 29	17	24	25	20 3	13	12
5 7 49	18	25	26	20 49	14	13
5 12 9	19	25	27	21 35	14	14
5 16 29	20	26	28	22 20	15	14
5 20 49	21	27	28	23 6	16	15
5 25 9	22	28	29	23 51	17	16
5 29 30	23	29	♍	24 37	18	17
5 33 51	24	♌	1	25 23	19	18
5 38 12	25	1	2	26 9	20	19
5 42 34	26	2	3	26 55	21	20
5 46 55	27	3	4	27 41	21	21
5 51 17	28	4	4	28 27	22	22
5 55 38	29	5	5	29 13	23	23
6 0 0	30	6	6	30 0	24	24

Sidereal Time.	10 ♋	11 ♌	12 ♍	Ascen ♎	2 ♎	3 ♏
H. M. S.	°	°	°	° '	°	°
6 0 0	0	6	6	0 0	24	24
6 4 22	1	7	7	0 47	25	25
6 8 43	2	8	8	1 33	26	26
6 13 5	3	9	9	2 19	27	27
6 17 26	4	10	10	3 5	27	28
6 21 48	5	11	10	3 51	28	29
6 26 9	6	12	11	4 37	29	♐
6 30 30	7	13	12	5 23	♏	1
6 34 51	8	14	13	6 9	1	2
6 39 11	9	15	14	6 55	2	3
6 43 31	10	16	15	7 40	2	4
6 47 51	11	16	16	8 26	3	4
6 52 11	12	17	16	9 12	4	5
6 56 31	13	18	17	9 58	5	6
7 0 50	14	19	18	10 43	6	7
7 5 8	15	20	19	11 28	7	8
7 9 26	16	21	20	12 14	8	9
7 13 44	17	22	21	12 59	8	10
7 18 1	18	23	22	13 45	9	11
7 22 18	19	24	23	14 30	10	12
7 26 34	20	25	24	15 15	11	13
7 30 50	21	26	25	16 0	12	14
7 35 5	22	27	25	16 45	13	15
7 39 20	23	28	26	17 30	13	16
7 43 34	24	29	27	18 15	14	17
7 47 47	25	♍	28	18 59	15	18
7 52 0	26	1	29	19 43	16	19
7 56 12	27	2	29	20 27	17	20
8 0 24	28	3	♎	21 11	18	20
8 4 35	29	4	1	21 56	18	21
8 8 45	30	5	2	22 40	19	22

Sidereal Time.	10 ♌	11 ♍	12 ♎	Ascen ♎	2 ♏	3 ♐
H. M. S.	°	°	°	° '	°	°
8 8 45	0	5	2	22 40	19	22
8 12 54	1	5	3	23 24	20	23
8 17 3	2	6	3	24 7	21	24
8 21 11	3	7	4	24 50	22	25
8 25 19	4	8	5	25 34	23	26
8 29 26	5	9	6	26 18	23	27
8 33 31	6	10	7	27 1	24	28
8 37 37	7	11	8	27 44	25	29
8 41 41	8	12	8	28 26	26	♑
8 45 45	9	13	9	29 8	27	1
8 49 48	10	14	10	29 50	27	2
8 53 51	11	15	11	0♏32	28	3
8 57 52	12	16	12	1 15	29	4
9 1 53	13	17	12	1 58	♐	4
9 5 53	14	18	13	2 39	1	5
9 9 53	15	18	14	3 21	1	6
9 13 52	16	19	15	4 3	2	7
9 17 50	17	20	16	4 44	3	8
9 21 47	18	21	16	5 26	3	9
9 25 44	19	22	17	6 7	4	10
9 29 40	20	23	18	6 48	5	11
9 33 35	21	24	18	7 29	5	12
9 37 29	22	25	19	8 9	6	13
9 41 23	23	26	20	8 50	7	14
9 45 16	24	27	21	9 31	8	15
9 49 9	25	28	22	10 11	9	16
9 53 1	26	28	23	10 51	9	17
9 56 52	27	29	23	11 32	10	18
10 0 43	28	♎	24	12 12	11	19
10 4 33	29	1	25	12 53	12	20
10 8 23	30	2	26	13 33	13	20

Sidereal Time.	10 ♍	11 ♎	12 ♎	Ascen ♏	2 ♐	3 ♑
H. M. S.	°	°	°	° '	°	°
10 8 23	0	2	26	13 33	13	20
10 12 12	1	3	26	14 13	14	21
10 16 0	2	4	27	14 53	15	22
10 19 48	3	5	28	15 33	15	23
10 23 35	4	5	29	16 13	16	24
10 27 22	5	6	29	16 52	17	25
10 31 8	6	7	♏	17 32	18	26
10 34 54	7	8	1	18 12	19	27
10 38 40	8	9	2	18 52	20	28
10 42 25	9	10	2	19 31	20	29
10 46 9	10	11	3	20 11	21	♒
10 49 53	11	11	4	20 50	22	1
10 53 37	12	12	4	21 30	23	2
10 57 20	13	13	5	22 9	24	3
11 1 3	14	14	6	22 49	24	4
11 4 46	15	15	7	23 28	25	5
11 8 28	16	16	7	24 8	26	6
11 12 10	17	17	8	24 47	27	8
11 15 52	18	17	9	25 27	28	9
11 19 34	19	18	10	26 6	29	10
11 23 15	20	19	10	26 45	♑	11
11 26 56	21	20	11	27 25	0	12
11 30 37	22	21	12	28 5	1	13
11 34 18	23	22	13	28 44	2	14
11 37 58	24	23	13	29 24	3	15
11 41 39	25	23	14	0♐3	4	16
11 45 19	26	24	15	0 43	5	17
11 49 0	27	25	15	1 23	6	18
11 52 40	28	26	16	2 3	6	19
11 56 20	29	27	17	2 43	7	20
12 0 0	30	27	17	3 23	8	21

TABLES OF HOUSES FOR LONDON, Latitude 51° 32' N.

Sidereal Time.	10 ♎	11 ♎	12 ♏	Ascen ♐	2 ♑	3 ♒
H. M. S.	°	°	°	° '	°	°
12 0 0	0	27	17	3 23	8	21
12 3 40	1	28	18	4 4	9	23
12 7 20	2	29	19	4 45	10	24
12 11 0	3	♏	20	5 26	11	25
12 14 41	4	1	20	6 7	12	26
12 18 21	5	1	21	6 48	13	27
12 22 2	6	2	22	7 29	14	28
12 25 42	7	3	23	8 10	15	29
12 29 23	8	4	23	8 51	16	♓
12 33 4	9	5	24	9 33	17	2
12 36 45	10	6	25	10 15	18	3
12 40 26	11	6	25	10 57	19	4
12 44 8	12	7	26	11 40	20	5
12 47 50	13	8	27	12 22	21	6
12 51 32	14	9	28	13 4	22	7
12 55 14	15	10	28	13 47	23	9
12 58 57	16	11	29	14 30	24	10
13 2 40	17	11	♐	15 14	25	11
13 6 23	18	12	1	15 59	26	12
13 10 7	19	13	1	16 44	27	13
13 13 51	20	14	2	17 29	28	15
13 17 35	21	15	3	18 14	29	16
13 21 20	22	16	4	19 0	♒	17
13 25 6	23	16	4	19 45	1	18
13 28 52	24	17	5	20 31	2	20
13 32 38	25	18	6	21 18	4	21
13 36 25	26	19	7	22 6	5	22
13 40 12	27	20	7	22 54	6	23
13 44 0	28	21	8	23 42	7	25
13 47 48	29	21	9	24 31	8	26
13 51 37	30	22	10	25 20	10	27

Sidereal Time.	10 ♏	11 ♏	12 ♐	Ascen ♐	2 ♒	3 ♓
H. M. S.	°	°	°	° '	°	°
13 51 37	0	22	10	25 20	10	27
13 55 27	1	23	11	26 10	11	28
13 59 17	2	24	11	27 2	12	♈
14 3 8	3	25	12	27 53	14	1
14 6 59	4	26	13	28 45	15	2
14 10 51	5	26	14	29 36	16	4
14 14 44	6	27	15	0♑29	18	5
14 18 37	7	28	15	1 23	19	6
14 22 31	8	29	16	2 18	20	8
14 26 25	9	♐	17	3 14	22	9
14 30 20	10	1	18	4 11	23	10
14 34 16	11	2	19	5 9	25	11
14 38 13	12	2	20	6 7	26	13
14 42 10	13	3	20	7 6	28	14
14 46 8	14	4	21	8 6	29	15
14 50 7	15	5	22	9 8	♓	17
14 54 7	16	6	23	10 11	2	18
14 58 7	17	7	24	11 15	4	19
15 2 8	18	8	25	12 20	6	21
15 6 9	19	9	26	13 27	8	22
15 10 12	20	9	27	14 35	9	23
15 14 15	21	10	27	15 43	11	24
15 18 19	22	11	28	16 52	13	26
15 22 23	23	12	29	18 3	14	27
15 26 29	24	13	♑	19 16	16	28
15 30 35	25	14	1	20 32	17	29
15 34 41	26	15	2	21 48	19	♉
15 38 49	27	16	3	23 8	21	2
15 42 57	28	17	4	24 29	22	3
15 47 6	29	18	5	25 51	24	5
15 51 15	30	18	6	27 15	26	6

Sidereal Time.	10 ♐	11 ♐	12 ♑	Ascen ♑	2 ♓	3 ♉
H. M. S.	°	°	°	° '	°	°
15 51 15	0	18	6	27 15	26	6
15 55 25	1	19	7	28 42	28	7
15 59 36	2	20	8	0♒11	♈	9
16 3 48	3	21	9	1 42	2	10
16 8 0	4	22	10	3 16	3	11
16 12 13	5	23	11	4 53	5	12
16 16 26	6	24	12	6 32	7	14
16 20 40	7	25	13	8 13	9	15
16 24 55	8	26	14	9 57	11	16
16 29 10	9	27	16	11 44	12	17
16 33 26	10	28	17	13 34	14	18
16 37 42	11	29	18	15 26	16	20
16 41 59	12	♑	19	17 20	18	21
16 46 16	13	1	20	19 18	20	22
16 50 34	14	2	21	21 22	21	23
16 54 52	15	3	22	23 29	23	25
16 59 10	16	4	24	25 36	25	26
17 3 29	17	5	25	27 46	27	27
17 7 49	18	6	26	0♓ 0	28	28
17 12 9	19	7	27	2 19	♉	29
17 16 29	20	8	29	4 40	2	♊
17 20 49	21	9	♒	7 2	3	1
17 25 9	22	10	1	9 26	5	2
17 29 30	23	11	3	11 54	7	3
17 33 51	24	12	4	14 24	8	5
17 38 12	25	13	5	17 0	10	6
17 42 34	26	14	7	19 33	11	7
17 46 55	27	15	8	22 6	13	8
17 51 17	28	16	10	24 40	14	9
17 55 38	29	17	11	27 20	16	10
18 0 0	30	18	13	30 0	17	11

Sidereal Time.	10 ♑	11 ♑	12 ♒	Ascen ♈	2 ♉	3 ♊
H. M. S.	°	°	°	° '	°	°
18 0 0	0	18	13	0 0	17	11
18 4 22	1	20	14	2 39	19	13
18 8 43	2	21	16	5 19	20	14
18 13 5	3	22	17	7 55	22	15
18 17 26	4	23	19	10 29	23	16
18 21 48	5	24	20	13 2	25	17
18 26 9	6	25	22	15 36	26	18
18 30 30	7	26	23	18 6	28	19
18 34 51	8	27	25	20 34	29	20
18 39 11	9	29	27	22 59	♊	21
18 43 31	10	♒	28	25 22	1	22
18 47 51	11	1	♓	27 42	2	23
18 52 11	12	2	2	29 58	4	24
18 56 31	13	3	3	2♉13	5	25
19 0 50	14	4	5	4 24	6	26
19 5 8	15	6	7	6 30	8	27
19 9 26	16	7	9	8 36	9	28
19 13 44	17	8	10	10 40	10	29
19 18 1	18	9	12	12 39	11	♋
19 22 18	19	10	14	14 35	12	1
19 26 34	20	12	16	16 28	13	2
19 30 50	21	13	18	18 17	14	3
19 35 5	22	14	19	20 3	16	4
19 39 20	23	15	21	21 48	17	5
19 43 34	24	16	23	23 29	18	6
19 47 47	25	18	25	25 9	19	7
19 52 0	26	19	27	26 45	20	8
19 56 12	27	20	28	28 18	21	9
20 0 24	28	21	♈	29 49	22	10
20 4 35	29	23	2	1♊19	23	11
20 8 45	30	24	4	2 45	24	12

Sidereal Time.	10 ♒	11 ♒	12 ♈	Ascen ♊	2 ♊	3 ♋
H. M. S.	°	°	°	° '	°	°
20 8 45	0	24	4	2 45	24	12
20 12 54	1	25	6	4 9	25	12
20 17 3	2	27	7	5 32	26	13
20 21 11	3	28	9	6 53	27	14
20 25 19	4	29	11	8 12	28	15
20 29 26	5	♓	13	9 27	29	16
20 33 31	6	2	14	10 43	♋	17
20 37 37	7	3	16	11 58	1	18
20 41 41	8	4	18	13 9	2	19
20 45 45	9	6	19	14 18	3	20
20 49 48	10	7	21	15 25	3	21
20 53 51	11	8	23	16 32	4	21
20 57 52	12	9	24	17 39	5	22
21 1 53	13	11	26	18 44	6	23
21 5 53	14	12	28	19 48	7	24
21 9 53	15	13	29	20 51	8	25
21 13 52	16	15	♉	21 53	9	26
21 17 50	17	16	2	22 53	10	27
21 21 47	18	17	4	23 52	10	28
21 25 44	19	19	5	24 51	11	28
21 29 40	20	20	7	25 48	12	29
21 33 35	21	22	8	26 44	13	♌
21 37 29	22	23	10	27 40	14	1
21 41 23	23	24	11	28 34	15	2
21 45 16	24	25	13	29 29	15	3
21 49 9	25	26	14	0♋22	16	4
21 53 1	26	28	15	1 15	17	4
21 56 52	27	29	16	2 7	18	5
22 0 43	28	♈	18	2 57	19	6
22 4 33	29	2	19	3 48	19	7
22 8 23	30	3	20	4 38	20	8

Sidereal Time.	10 ♓	11 ♈	12 ♉	Ascen ♋	2 ♋	3 ♌
H. M. S.	°	°	°	° '	°	°
22 8 23	0	3	20	4 38	20	8
22 12 12	1	4	21	5 28	21	8
22 16 0	2	6	23	6 17	22	9
22 19 48	3	7	24	7 5	23	10
22 23 35	4	8	25	7 53	23	11
22 27 22	5	9	26	8 42	24	12
22 31 8	6	10	28	9 29	25	13
22 34 54	7	12	29	10 16	26	14
22 38 40	8	13	♊	11 2	26	14
22 42 25	9	14	1	11 47	27	15
22 46 9	10	15	2	12 31	28	16
22 49 53	11	17	3	13 16	29	17
22 53 37	12	18	4	14 1	29	18
22 57 20	13	19	5	14 45	♌	19
23 1 3	14	20	6	15 28	1	19
23 4 46	15	21	7	16 11	2	20
23 8 28	16	23	8	16 54	2	21
23 12 10	17	24	9	17 37	3	22
23 15 52	18	25	10	18 20	4	23
23 19 34	19	26	11	19 3	5	24
23 23 15	20	27	12	19 45	5	24
23 26 56	21	29	13	20 26	6	25
23 30 37	22	♉	14	21 8	7	26
23 34 18	23	1	15	21 50	7	27
23 37 58	24	2	16	22 31	8	28
23 41 39	25	3	17	23 12	9	28
23 45 19	26	4	18	23 53	9	29
23 49 0	27	5	19	24 32	10	♍
23 52 40	28	6	20	25 15	11	1
23 56 20	29	8	21	25 56	12	2
24 0 0	30	9	22	26 36	13	3

TABLES OF HOUSES FOR LIVERPOOL, Latitude 53º 25' *N.*

Sidereal Time.	10 ♈	11 ♉	12 ♊	Ascen ♋	2 ♌	3 ♍
H. M. S.	º	º	º	º '	º	º
0 0 0	0	9	24	28 12	14	3
0 3 40	1	10	25	28 51	14	4
0 7 20	2	12	25	29 30	15	4
0 11 0	3	13	26	0♌ 9	16	5
0 14 41	4	14	27	0 48	17	6
0 18 21	5	15	28	1 27	17	7
0 22 2	6	16	29	2 6	18	8
0 25 42	7	17	♋	2 44	19	9
0 29 23	8	18	1	3 22	19	10
0 33 4	9	19	1	4 1	20	10
0 36 45	10	20	2	4 39	21	11
0 40 26	11	21	3	5 18	22	12
0 44 8	12	22	4	5 56	22	13
0 47 50	13	23	5	6 34	23	14
0 51 32	14	24	6	7 13	24	14
0 55 14	15	25	6	7 51	24	15
0 58 57	16	26	7	8 30	25	16
1 2 40	17	27	8	9 8	26	17
1 6 23	18	28	9	9 47	26	18
1 10 7	19	29	10	10 25	27	19
1 13 51	20	♊	11	11 4	28	19
1 17 35	21	1	11	11 43	28	20
1 21 20	22	2	12	12 21	29	21
1 25 6	23	3	13	13 0	♍	22
1 28 52	24	4	14	13 39	1	23
1 32 38	25	5	15	14 17	1	24
1 36 25	26	6	15	14 56	2	25
1 40 12	27	7	16	15 35	3	25
1 44 0	28	8	17	16 14	3	26
1 47 48	29	9	18	16 53	4	27
1 51 37	30	10	18	17 32	5	28

Sidereal Time.	10 ♉	11 ♊	12 ♋	Ascen ♌	2 ♍	3 ♍
H. M. S.	º	º	º	º '	º	º
1 51 37	0	10	18	17 32	5	28
1 55 27	1	11	19	18 11	6	29
1 59 17	2	12	20	18 51	6	♎
2 3 8	3	13	21	19 30	7	1
2 6 59	4	14	22	20 9	8	2
2 10 51	5	15	22	20 49	9	2
2 14 44	6	16	23	21 28	9	3
2 18 37	7	17	24	22 8	10	4
2 22 31	8	18	25	22 48	11	5
2 26 25	9	19	25	23 28	12	6
2 30 20	10	20	26	24 8	12	7
2 34 16	11	21	27	24 48	13	8
2 38 13	12	22	28	25 28	14	9
2 42 10	13	23	29	26 8	15	10
2 46 8	14	24	29	26 49	15	10
2 50 7	15	25	♌	27 29	16	11
2 54 7	16	26	1	28 10	17	12
2 58 7	17	27	2	28 51	18	13
3 2 8	18	28	2	29 32	19	14
3 6 9	19	29	3	0♍13	19	15
3 10 12	20	29	4	0 54	20	16
3 14 15	21	♋	5	1 36	21	17
3 18 19	22	1	5	2 17	22	18
3 22 23	23	2	6	2 59	23	19
3 26 29	24	3	7	3 41	23	20
3 30 35	25	4	8	4 23	24	21
3 34 41	26	5	9	5 5	25	22
3 38 49	27	6	10	5 47	26	22
3 42 57	28	7	10	6 29	27	23
3 47 6	29	8	11	7 12	27	24
3 51 15	30	9	12	7 55	28	25

Sidereal Time.	10 ♊	11 ♋	12 ♌	Ascen ♍	2 ♍	3 ♎
H. M. S.	º	º	º	º '	º	º
3 51 15	0	9	12	7 55	28	25
3 55 25	1	10	13	8 37	29	26
3 59 36	2	11	13	9 20	♎	27
4 3 48	3	12	14	10 3	1	28
4 8 0	4	12	15	10 46	2	29
4 12 13	5	13	16	11 30	2	♏
4 16 26	6	14	17	12 13	3	1
4 20 40	7	15	18	12 56	4	2
4 24 55	8	16	18	13 40	5	3
4 29 10	9	17	19	14 24	6	4
4 33 26	10	18	20	15 8	7	5
4 37 42	11	19	21	15 52	7	6
4 41 59	12	20	21	16 36	8	6
4 46 16	13	21	22	17 20	9	7
4 50 34	14	22	23	18 4	10	8
4 54 52	15	23	24	18 48	11	9
4 59 10	16	24	25	19 32	12	10
5 3 29	17	24	26	20 17	12	11
5 7 49	18	25	26	21 1	13	12
5 12 9	19	26	27	21 46	14	13
5 16 29	20	27	28	22 31	15	14
5 20 49	21	28	29	23 16	16	15
5 25 9	22	29	♍	24 0	17	16
5 29 30	23	♌	1	24 45	18	17
5 33 51	24	1	1	25 30	18	18
5 38 12	25	2	2	26 15	19	19
5 42 34	26	3	3	27 0	20	20
5 46 55	27	4	4	27 45	21	21
5 51 17	28	5	5	28 30	22	21
5 55 38	29	6	6	29 15	23	22
6 0 0	30	7	7	30 0	23	23

Sidereal Time.	10 ♋	11 ♌	12 ♍	Ascen ♎	2 ♎	3 ♏
H. M. S.	º	º	º	º '	º	º
6 0 0	0	7	7	0 0	23	23
6 4 22	1	8	7	0 45	24	24
6 8 43	2	9	8	1 30	25	25
6 13 5	3	9	9	2 15	26	26
6 17 26	4	10	10	3 0	27	27
6 21 48	5	11	11	3 45	28	28
6 26 9	6	12	12	4 30	29	29
6 30 30	7	13	12	5 15	29	♐
6 34 51	8	14	13	6 0	♏	1
6 39 11	9	15	14	6 44	1	2
6 43 31	10	16	15	7 29	2	3
6 47 51	11	17	16	8 14	3	4
6 52 11	12	18	17	8 59	4	5
6 56 31	13	19	18	9 43	4	6
7 0 50	14	20	18	10 27	5	6
7 5 8	15	21	19	11 11	6	7
7 9 26	16	22	20	11 56	7	8
7 13 44	17	23	21	12 40	8	9
7 18 1	18	24	22	13 24	8	10
7 22 18	19	24	23	14 8	9	11
7 26 34	20	25	23	14 52	10	12
7 30 50	21	26	24	15 36	11	13
7 35 5	22	27	25	16 20	12	14
7 39 20	23	28	26	17 4	13	15
7 43 34	24	29	27	17 47	13	16
7 47 47	25	♍	28	18 30	14	17
7 52 0	26	1	28	19 13	15	18
7 56 12	27	2	29	19 57	16	18
8 0 24	28	3	♎	20 40	17	19
8 4 35	29	4	1	21 23	17	20
8 8 45	30	5	2	22 5	18	21

Sidereal Time.	10 ♌	11 ♍	12 ♎	Ascen ♎	2 ♏	3 ♐
H. M. S.	º	º	º	º '	º	º
8 8 45	0	5	2	22 5	18	21
8 12 54	1	6	2	22 48	19	22
8 17 3	2	7	3	23 30	20	23
8 21 11	3	8	4	24 13	20	24
8 25 19	4	8	5	24 55	21	25
8 29 26	5	9	6	25 37	22	26
8 33 31	6	10	7	26 19	23	27
8 37 37	7	11	7	27 1	24	28
8 41 41	8	12	8	27 43	25	29
8 45 45	9	13	9	28 24	25	♑
8 49 48	10	14	10	29 6	26	1
8 53 51	11	15	11	29 47	27	1
8 57 52	12	16	11	0♏28	28	2
9 1 53	13	17	12	1 9	28	3
9 5 53	14	18	13	1 50	29	4
9 9 53	15	19	14	2 31	♐	5
9 13 52	16	19	15	3 11	1	6
9 17 50	17	20	15	3 52	1	7
9 21 47	18	21	16	4 32	2	8
9 25 44	19	22	17	5 12	3	9
9 29 40	20	23	18	5 52	4	10
9 33 35	21	24	18	6 32	5	11
9 37 29	22	25	19	7 12	5	12
9 41 23	23	26	20	7 52	6	13
9 45 16	24	27	21	8 32	7	14
9 49 9	25	27	21	9 12	8	15
9 53 1	26	28	22	9 51	8	16
9 56 52	27	29	23	10 30	9	17
10 0 43	28	♎	24	11 9	10	17
10 4 33	29	1	24	11 49	11	18
10 8 23	30	2	25	12 28	11	19

Sidereal Time.	10 ♍	11 ♎	12 ♎	Ascen ♏	2 ♐	3 ♑
H. M. S.	º	º	º	º '	º	º
10 8 23	0	2	25	12 28	11	19
10 12 12	1	3	26	13 6	12	20
10 16 0	2	4	27	13 45	13	21
10 19 48	3	4	27	14 25	14	22
10 23 35	4	5	28	15 4	15	23
10 27 22	5	6	29	15 42	15	24
10 31 8	6	7	29	16 21	16	25
10 34 54	7	8	♏	17 0	17	26
10 38 40	8	9	1	17 39	18	27
10 42 25	9	10	2	18 17	18	28
10 46 9	10	10	2	18 55	19	29
10 49 53	11	11	3	19 34	20	♒
10 53 37	12	12	4	20 13	21	1
10 57 20	13	13	4	20 52	22	2
11 1 3	14	14	5	21 30	22	3
11 4 46	15	15	6	22 8	23	5
11 8 28	16	16	7	22 46	24	6
11 12 10	17	16	7	23 25	25	7
11 15 52	18	17	8	24 4	26	8
11 19 34	19	18	9	24 42	26	9
11 23 15	20	19	9	25 21	27	10
11 26 56	21	20	10	25 59	28	11
11 30 37	22	20	11	26 38	29	12
11 34 18	23	21	12	27 16	♑	13
11 37 58	24	22	12	27 54	1	14
11 41 39	25	23	13	28 33	1	15
11 45 19	26	24	14	29 11	2	16
11 49 0	27	25	14	29 50	3	17
11 52 40	28	26	15	0♐30	4	18
11 56 20	29	26	16	1 9	5	20
12 0 0	30	27	16	1 48	6	21

TABLES OF HOUSES FOR LIVERPOOL, Latitude 53° 25' N.

Sidereal Time.	10 ♎	11 ♎	12 ♏	Ascen ♐	2 ♑	3 ♒
H. M. S.	°	°	°	° '	°	°
12 0 0	0	27	16	1 48	6	21
12 3 40	1	28	17	2 27	7	22
12 7 20	2	29	18	3 6	8	23
12 11 0	3	♏	18	3 46	9	24
12 14 41	4	0	19	4 25	10	25
12 18 21	5	1	20	5 6	10	26
12 22 2	6	2	21	5 46	11	28
12 25 42	7	3	21	6 26	12	29
12 29 23	8	4	22	7 6	13	♓
12 33 4	9	4	23	7 46	14	1
12 36 45	10	5	24	8 27	15	2
12 40 26	11	6	24	9 8	16	3
12 44 8	12	7	25	9 49	17	5
12 47 50	13	8	26	10 30	18	6
12 51 32	14	9	26	11 12	19	7
12 55 14	15	9	27	11 54	20	8
12 58 57	16	10	28	12 36	21	10
13 2 40	17	11	28	13 19	22	11
13 6 23	18	12	29	14 2	23	12
13 10 7	19	13	♐	14 45	25	13
13 13 51	20	13	1	15 28	26	15
13 17 35	21	14	1	16 12	27	16
13 21 20	22	15	2	16 56	28	17
13 25 6	23	16	3	17 41	29	18
13 28 52	24	17	4	18 26	♒	19
13 32 38	25	17	4	19 11	1	21
13 36 25	26	18	5	19 57	3	22
13 40 12	27	19	6	20 44	4	23
13 44 0	28	20	7	21 31	5	24
13 47 48	29	21	7	22 18	7	26
13 51 37	30	21	8	23 6	8	27

Sidereal Time.	10 ♏	11 ♏	12 ♐	Ascen ♐	2 ♒	3 ♓
H. M. S.	°	°	°	° '	°	°
13 51 37	0	21	8	23 6	8	27
13 55 27	1	22	9	23 55	9	28
13 59 17	2	23	10	24 43	10	♈
14 3 8	3	24	10	25 33	12	1
14 6 59	4	25	11	26 23	13	2
14 10 51	5	26	12	27 14	15	4
14 14 44	6	26	13	28 6	16	5
14 18 37	7	27	13	28 59	18	6
14 22 31	8	28	14	29 52	19	8
14 26 25	9	29	15	0♑46	20	9
14 30 20	10	♐	16	1 41	22	10
14 34 16	11	1	17	2 36	23	11
14 38 13	12	2	18	3 33	25	13
14 42 10	13	2	18	4 30	26	14
14 46 8	14	3	19	5 29	28	16
14 50 7	15	4	20	6 29	♓	17
14 54 7	16	5	21	7 30	1	18
14 58 7	17	6	22	8 32	3	20
15 2 8	18	7	23	9 35	5	21
15 6 9	19	8	24	10 39	6	22
15 10 12	20	8	24	11 45	8	23
15 14 15	21	9	25	12 52	10	25
15 18 19	22	10	26	14 1	11	26
15 22 23	23	11	27	15 11	13	27
15 26 29	24	12	28	16 23	15	29
15 30 35	25	13	29	17 37	17	♉
15 34 41	26	14	♑	18 53	19	1
15 38 49	27	15	1	20 10	21	3
15 42 57	28	16	2	21 29	22	4
15 47 6	29	16	3	22 51	24	5
15 51 15	30	17	4	24 15	26	7

Sidereal Time.	10 ♐	11 ♐	12 ♑	Ascen ♑	2 ♓	3 ♉
H. M. S.	°	°	°	° '	°	°
15 51 15	0	17	4	24 15	26	7
15 55 25	1	18	5	25 41	28	8
15 59 36	2	19	6	27 10	♈	9
16 3 48	3	20	7	28 41	2	10
16 8 0	4	21	8	0♒14	4	12
16 12 13	5	22	9	1 50	5	13
16 16 26	6	23	10	3 30	7	14
16 20 40	7	24	11	5 13	9	15
16 24 55	8	25	12	6 58	11	17
16 29 10	9	26	13	8 46	13	18
16 33 26	10	27	14	10 38	15	19
16 37 42	11	28	15	12 32	17	20
16 41 59	12	29	16	14 31	19	22
16 46 16	13	♑	18	16 33	20	23
16 50 34	14	1	19	18 40	22	24
16 54 52	15	2	20	20 50	24	25
16 59 10	16	3	21	23 4	26	26
17 3 29	17	4	22	25 21	28	28
17 7 49	18	5	24	27 42	29	29
17 12 9	19	6	25	0♓ 8	♉	♊
17 16 29	20	7	26	2 37	3	1
17 20 49	21	8	28	5 10	5	3
17 25 9	22	9	29	7 46	6	4
17 29 30	23	10	♒	10 24	8	5
17 33 51	24	11	2	13 7	10	6
17 38 12	25	12	3	15 52	11	7
17 42 34	26	13	4	18 38	13	8
17 46 55	27	14	6	21 27	15	9
17 51 17	28	15	7	24 17	16	10
17 55 38	29	16	9	27 8	18	12
18 0 0	30	17	11	30 0	19	13

Sidereal Time.	10 ♑	11 ♑	12 ♒	Ascen ♈	2 ♉	3 ♊
H. M. S.	°	°	°	° '	°	°
18 0 0	0	17	11	0 0	19	13
18 4 22	1	18	12	2 52	21	14
18 8 43	2	20	14	5 43	23	15
18 13 5	3	21	15	8 33	24	16
18 17 26	4	22	17	11 22	25	17
18 21 48	5	23	19	14 8	27	18
18 26 9	6	24	20	16 53	28	19
18 30 30	7	25	22	19 36	♊	20
18 34 51	8	26	24	22 14	1	21
18 39 11	9	27	25	24 50	2	22
18 43 31	10	29	27	27 23	4	23
18 47 51	11	♒	28	29 52	5	24
18 52 11	12	1	♓	2♉18	6	25
18 56 31	13	2	2	4 39	8	26
19 0 50	14	4	4	6 56	9	27
19 5 8	15	5	6	9 10	10	28
19 9 26	16	6	8	11 20	11	29
19 13 44	17	7	10	13 27	12	♋
19 18 1	18	8	11	15 29	14	1
19 22 18	19	9	13	17 28	15	2
19 26 34	20	11	15	19 22	16	3
19 30 50	21	12	17	21 14	17	4
19 35 5	22	13	19	23 2	18	5
19 39 20	23	15	21	24 47	19	6
19 43 34	24	16	23	26 30	20	7
19 47 47	25	17	25	28 10	21	8
19 52 0	26	18	26	29 46	22	9
19 56 12	27	20	28	1♊19	23	10
20 0 24	28	21	♈	2 50	24	11
20 4 35	29	22	2	4 19	25	12
20 8 45	30	23	4	5 45	26	13

Sidereal Time.	10 ♒	11 ♒	12 ♈	Ascen ♊	2 ♊	3 ♋
H. M. S.	°	°	°	° '	°	°
20 8 45	0	23	4	5 45	26	13
20 12 54	1	25	6	7 9	27	14
20 17 3	2	26	8	8 31	28	14
20 21 11	3	27	9	9 50	29	15
20 25 19	4	29	11	11 7	♋	16
20 29 26	5	♓	13	12 23	1	17
20 33 31	6	1	15	13 37	2	18
20 37 37	7	3	17	14 49	3	19
20 41 41	8	4	19	15 59	4	20
20 45 45	9	5	20	17 8	5	21
20 49 48	10	7	22	18 15	6	22
20 53 51	11	8	24	19 21	7	22
20 57 52	12	10	25	20 25	7	23
21 1 53	13	11	27	21 28	8	24
21 5 53	14	12	29	22 30	9	25
21 9 53	15	13	♉	23 31	10	26
21 13 52	16	14	2	24 31	11	27
21 17 50	17	16	4	25 30	12	28
21 21 47	18	17	5	26 27	12	28
21 25 44	19	18	7	27 24	13	29
21 29 40	20	20	8	28 19	14	♌
21 33 35	21	21	10	29 14	15	1
21 37 29	22	22	11	0♋ 8	16	2
21 41 23	23	24	12	1 1	17	3
21 45 16	24	25	14	1 54	17	4
21 49 9	25	26	15	2 46	18	4
21 53 1	26	28	17	3 37	19	5
21 56 52	27	29	18	4 27	20	6
22 0 43	28	♈	20	5 17	20	7
22 4 33	29	2	21	6 5	21	8
22 8 23	30	3	22	6 54	22	8

Sidereal Time.	10 ♓	11 ♈	12 ♉	Ascen ♋	2 ♋	3 ♌
H. M. S.	°	°	°	° '	°	°
22 8 23	0	3	22	6 54	22	8
22 12 12	1	4	23	7 42	23	9
22 16 0	2	5	25	8 29	23	10
22 19 48	3	7	26	9 16	24	11
22 23 35	4	8	27	10 3	25	12
22 27 22	5	9	29	10 49	26	13
22 31 8	6	11	♊	11 34	26	13
22 34 54	7	12	1	12 19	27	14
22 38 40	8	13	2	13 3	28	15
22 42 25	9	14	3	13 48	29	16
22 46 9	10	16	4	14 32	29	17
22 49 53	11	17	5	15 15	♌	17
22 53 37	12	18	7	15 58	1	18
22 57 20	13	19	8	16 41	2	19
23 1 3	14	20	9	17 24	2	20
23 4 46	15	22	10	18 6	3	21
23 8 28	16	23	11	18 48	4	21
23 12 10	17	24	12	19 30	4	22
23 15 52	18	25	13	20 11	5	23
23 19 34	19	27	14	20 52	6	24
23 23 15	20	28	15	21 33	6	25
23 26 56	21	29	16	22 14	7	26
23 30 37	22	♉	17	22 54	8	26
23 34 18	23	1	18	23 34	9	27
23 37 58	24	2	19	24 14	9	28
23 41 39	25	4	20	24 54	10	29
23 45 19	26	5	21	25 35	11	♍
23 49 0	27	6	22	26 14	11	0
23 52 40	28	7	22	26 54	12	1
23 56 20	29	8	23	27 33	13	2
24 0 0	30	9	24	28 12	14	3

TABLES OF HOUSES FOR NEW YORK, Latitude 40° 43′ N.

Sidereal Time.	10 ♈	11 ♉	12 ♊	Ascen ♋	2 ♌	3 ♍
H. M. S.	°	°	°	° ′	°	°
0 0 0	0	6	15	18 53	8	1
0 3 40	1	7	16	19 38	9	2
0 7 20	2	8	17	20 23	10	3
0 11 0	3	9	18	21 12	11	4
0 14 41	4	11	19	21 55	12	5
0 18 21	5	12	20	22 40	12	5
0 22 2	6	13	21	23 24	13	6
0 25 42	7	14	22	24 8	14	7
0 29 23	8	15	23	24 54	15	8
0 33 4	9	16	23	25 37	15	9
0 36 45	10	17	24	26 22	16	10
0 40 26	11	18	25	27 5	17	11
0 44 8	12	19	26	27 50	18	12
0 47 50	13	20	27	28 33	19	13
0 51 32	14	21	28	29 18	19	13
0 55 14	15	22	28	0♌ 3	20	14
0 58 57	16	23	29	0 46	21	15
1 2 40	17	24	♋	1 31	22	16
1 6 23	18	25	1	2 14	22	17
1 10 7	19	26	2	2 58	23	18
1 13 51	20	27	3	3 43	24	19
1 17 35	21	28	3	4 27	25	20
1 21 20	22	29	4	5 12	25	21
1 25 6	23	♊	5	5 56	26	22
1 28 52	24	1	6	6 40	27	22
1 32 38	25	2	7	7 25	28	23
1 36 25	26	2	8	8 9	29	24
1 40 12	27	3	9	8 53	♍	25
1 44 0	28	4	10	9 38	1	26
1 47 48	29	5	10	10 24	1	27
1 51 37	30	6	11	11 8	2	28

Sidereal Time.	10 ♉	11 ♊	12 ♋	Ascen ♌	2 ♍	3 ♍
H. M. S.	°	°	°	° ′	°	°
1 51 37	0	6	11	11 8	2	28
1 55 27	1	7	12	11 53	3	29
1 59 17	2	8	13	12 38	4	♎
2 3 8	3	9	14	13 22	5	1
2 6 59	4	10	15	14 8	5	2
2 10 51	5	11	15	14 53	6	3
2 14 44	6	12	16	15 39	7	4
2 18 37	7	13	17	16 24	8	4
2 22 31	8	14	18	17 10	9	5
2 26 25	9	15	19	17 56	10	6
2 30 20	10	16	20	18 41	10	7
2 34 16	11	17	20	19 27	11	8
2 38 13	12	18	21	20 14	12	9
2 42 10	13	19	22	21 0	13	10
2 46 8	14	19	23	21 47	14	11
2 50 7	15	20	24	22 33	15	12
2 54 7	16	21	25	23 20	16	13
2 58 7	17	22	25	24 7	17	14
3 2 8	18	23	26	24 54	17	15
3 6 9	19	24	27	25 42	18	16
3 10 12	20	25	28	26 29	19	17
3 14 15	21	26	29	27 17	20	18
3 18 19	22	27	♌	28 4	21	19
3 22 23	23	28	1	28 52	22	20
3 26 29	24	29	1	29 40	23	21
3 30 35	25	♋	2	0♍29	24	22
3 34 41	26	1	3	1 17	24	23
3 38 49	27	2	4	2 6	25	24
3 42 57	28	3	5	2 55	26	25
3 47 6	29	4	6	3 43	27	26
3 51 15	30	5	7	4 32	28	27

Sidereal Time.	10 ♊	11 ♋	12 ♌	Ascen ♍	2 ♍	3 ♎
H. M. S.	°	°	°	° ′	°	°
3 51 15	0	5	7	4 32	28	27
3 55 25	1	6	8	5 22	29	28
3 59 36	2	6	8	6 10	♎	29
4 3 48	3	7	9	7 0	1	♏
4 8 0	4	8	10	7 49	2	1
4 12 13	5	9	11	8 40	3	2
4 16 26	6	10	12	9 30	4	3
4 20 40	7	11	13	10 19	4	4
4 24 55	8	12	14	11 10	5	5
4 29 10	9	13	15	12 0	6	6
4 33 26	10	14	16	12 51	7	7
4 37 42	11	15	16	13 41	8	8
4 41 59	12	16	17	14 32	9	9
4 46 16	13	17	18	15 23	10	10
4 50 34	14	18	19	16 14	11	11
4 54 52	15	19	20	17 5	12	12
4 59 10	16	20	21	17 56	13	13
5 3 29	17	21	22	18 47	14	14
5 7 49	18	22	23	19 39	15	15
5 12 9	19	23	24	20 30	16	16
5 16 29	20	24	25	21 22	17	17
5 20 49	21	25	25	22 13	18	18
5 25 9	22	26	26	23 5	18	19
5 29 30	23	27	27	23 57	19	20
5 33 51	24	28	28	24 49	20	21
5 38 12	25	29	29	25 40	21	22
5 42 34	26	♌	♍	26 32	22	22
5 46 55	27	1	1	27 25	23	23
5 51 17	28	2	2	28 16	24	24
5 55 38	29	3	3	29 8	25	25
6 0 0	30	4	4	30 0	26	26

Sidereal Time.	10 ♋	11 ♌	12 ♍	Ascen ♎	2 ♎	3 ♏
H. M. S.	°	°	°	° ′	°	°
6 0 0	0	4	4	0 0	26	26
6 4 22	1	5	5	0 52	27	27
6 8 43	2	6	6	1 44	28	28
6 13 5	3	6	7	2 35	29	29
6 17 26	4	7	8	3 28	♏	♐
6 21 48	5	8	9	4 20	1	1
6 26 9	6	9	10	5 11	2	2
6 30 30	7	10	11	6 3	3	3
6 34 51	8	11	12	6 55	3	4
6 39 11	9	12	13	7 47	4	5
6 43 31	10	13	14	8 38	5	6
6 47 51	11	14	15	9 30	6	7
6 52 11	12	15	15	10 21	7	8
6 56 31	13	16	16	11 13	8	9
7 0 50	14	17	17	12 4	9	10
7 5 8	15	18	18	12 55	10	11
7 9 26	16	19	19	13 46	11	12
7 13 44	17	20	20	14 37	12	13
7 18 1	18	21	21	15 28	13	14
7 22 18	19	22	22	16 19	14	15
7 26 34	20	23	23	17 9	14	16
7 30 50	21	24	23	18 0	15	17
7 35 5	22	25	24	18 50	16	18
7 39 20	23	26	25	19 41	17	19
7 43 34	24	27	26	20 30	18	20
7 47 47	25	28	27	21 20	19	21
7 52 0	26	29	28	22 11	20	22
7 56 12	27	♍	29	23 0	21	23
8 0 24	28	1	♎	23 50	21	24
8 4 35	29	2	1	24 38	22	24
8 8 45	30	3	2	25 28	23	25

Sidereal Time.	10 ♌	11 ♍	12 ♎	Ascen ♎	2 ♏	3 ♐
H. M. S.	°	°	°	° ′	°	°
8 8 45	0	3	2	25 28	23	25
8 12 54	1	4	3	26 17	24	26
8 17 3	2	5	4	27 5	25	27
8 21 11	3	6	5	27 54	26	28
8 25 19	4	7	6	28 43	27	29
8 29 26	5	8	7	29 31	28	♑
8 33 31	6	9	7	0♏20	28	1
8 37 37	7	10	8	1 8	29	2
8 41 41	8	11	9	1 56	♐	3
8 45 45	9	12	10	2 43	1	4
8 49 48	10	13	11	3 31	2	5
8 53 51	11	14	12	4 18	3	6
8 57 52	12	15	12	5 6	4	7
9 1 53	13	16	13	5 53	5	8
9 5 53	14	17	14	6 40	5	9
9 9 53	15	18	15	7 27	6	10
9 13 52	16	19	16	8 13	7	10
9 17 50	17	20	17	9 0	8	11
9 21 47	18	21	18	9 46	9	12
9 25 44	19	22	19	10 33	10	13
9 29 40	20	23	19	11 19	10	14
9 33 35	21	24	20	12 4	11	15
9 37 29	22	24	21	12 50	12	16
9 41 23	23	25	22	13 36	13	17
9 45 16	24	26	23	14 21	14	18
9 49 9	25	27	24	15 7	15	19
9 53 1	26	28	24	15 52	15	20
9 56 52	27	29	25	16 38	16	21
10 0 43	28	♎	26	17 22	17	22
10 4 33	29	1	27	18 7	18	23
10 8 23	30	2	28	18 52	19	24

Sidereal Time.	10 ♍	11 ♎	12 ♎	Ascen ♏	2 ♐	3 ♑
H. M. S.	°	°	°	° ′	°	°
10 8 23	0	2	28	18 52	19	24
10 12 12	1	3	29	19 36	20	25
10 16 0	2	4	29	20 22	20	26
10 19 48	3	5	♏	21 7	21	27
10 23 35	4	6	1	21 51	22	28
10 27 22	5	7	1	22 35	23	28
10 31 8	6	7	2	23 20	24	29
10 34 54	7	8	3	24 4	25	♒
10 38 40	8	9	4	24 48	25	1
10 42 25	9	10	5	25 33	26	2
10 46 9	10	11	6	26 17	27	3
10 49 53	11	12	7	27 2	28	4
10 53 37	12	13	7	27 46	29	5
10 57 20	13	14	8	28 29	♑	6
11 1 3	14	15	9	29 14	1	7
11 4 46	15	16	10	29 57	1	8
11 8 28	16	17	11	0♐42	2	9
11 12 10	17	17	11	1 27	3	10
11 15 52	18	18	12	2 10	4	11
11 19 34	19	19	13	2 55	5	12
11 23 15	20	20	14	3 38	6	13
11 26 56	21	21	14	4 23	7	14
11 30 37	22	22	15	5 6	7	15
11 34 18	23	23	16	5 52	8	16
11 37 58	24	23	17	6 36	9	17
11 41 39	25	24	18	7 20	10	18
11 45 19	26	25	18	8 5	11	19
11 49 0	27	26	19	8 48	12	20
11 52 40	28	27	20	9 37	13	22
11 56 20	29	28	21	10 22	14	23
12 0 0	30	29	21	11 7	15	24

TABLES OF HOUSES FOR NEW YORK, Latitude 40° 43' *N.*

Sidereal Time.	10 ♎	11 ♎	12 ♏	Ascen ♐	2 ♑	3 ♒
H. M. S.	°	°	°	° '	°	°
12 0 0	0	29	21	11 7	15	24
12 3 40	1	♏	22	11 52	16	25
12 7 20	2	1	23	12 37	17	26
12 11 0	3	1	24	13 19	17	27
12 14 41	4	2	25	14 7	18	28
12 18 21	5	3	25	14 52	19	29
12 22 2	6	4	26	15 38	20	♓
12 25 42	7	5	27	16 23	21	1
12 29 23	8	6	28	17 11	22	2
12 33 4	9	6	28	17 58	23	3
12 36 45	10	7	29	18 45	24	4
12 40 26	11	8	♐	19 32	25	5
12 44 8	12	9	1	20 20	26	7
12 47 50	13	10	2	21 8	27	8
12 51 32	14	11	2	21 57	28	9
12 55 14	15	12	3	22 43	29	10
12 58 57	16	13	4	23 33	♒	11
13 2 40	17	13	5	24 22	1	12
13 6 23	18	14	6	25 11	2	13
13 10 7	19	15	7	26 1	3	15
13 13 51	20	16	7	26 51	5	16
13 17 35	21	17	8	27 40	6	17
13 21 20	22	18	9	28 32	7	18
13 25 6	23	19	10	29 23	8	19
13 28 52	24	19	10	0♑14	9	20
13 32 38	25	20	11	1 7	10	21
13 36 25	26	21	12	2 0	11	23
13 40 12	27	22	13	2 52	12	24
13 44 0	28	23	13	3 46	13	25
13 47 48	29	24	14	4 41	15	26
13 51 37	30	25	15	5 35	16	27

Sidereal Time.	10 ♏	11 ♏	12 ♐	Ascen ♑	2 ♒	3 ♓
H. M. S.	°	°	°	° '	°	°
13 51 37	0	25	15	5 35	16	27
13 55 27	1	25	16	6 30	17	29
13 59 17	2	26	17	7 27	18	♈
14 3 8	3	27	18	8 23	20	1
14 6 59	4	28	18	9 20	21	2
14 10 51	5	29	19	10 18	22	3
14 14 44	6	♐	20	11 16	23	5
14 18 37	7	1	21	12 15	24	6
14 22 31	8	2	22	13 15	26	7
14 26 25	9	2	23	14 16	27	8
14 30 20	10	3	24	15 17	28	9
14 34 16	11	4	24	16 19	♓	11
14 38 13	12	5	25	17 23	1	12
14 42 10	13	6	26	18 27	2	13
14 46 8	14	7	27	19 32	4	14
14 50 7	15	8	28	20 37	5	16
14 54 7	16	9	29	21 44	6	17
14 58 7	17	10	♑	22 51	8	18
15 2 8	18	10	1	23 59	9	19
15 6 9	19	11	2	25 9	11	20
15 10 12	20	12	3	26 19	12	22
15 14 15	21	13	4	27 31	14	23
15 18 19	22	14	5	28 43	15	24
15 22 23	23	15	6	29 57	16	25
15 26 29	24	16	6	1♒14	18	26
15 30 35	25	17	7	2 28	19	28
15 34 41	26	18	8	3 46	21	29
15 38 49	27	19	9	5 5	22	♉
15 42 57	28	20	10	6 25	24	1
15 47 6	29	21	11	7 46	25	3
15 51 15	30	21	13	9 8	27	4

Sidereal Time.	10 ♐	11 ♐	12 ♑	Ascen ♒	2 ♓	3 ♉
H. M. S.	°	°	°	° '	°	°
15 51 15	0	21	13	9 8	27	4
15 55 25	1	22	14	10 31	28	5
15 59 36	2	23	15	11 56	♈	6
16 3 48	3	24	16	13 23	1	7
16 8 0	4	25	17	14 50	3	9
16 12 13	5	26	18	16 9	4	10
16 16 26	6	27	19	17 50	6	11
16 20 40	7	28	20	19 22	7	12
16 24 55	8	29	21	20 56	9	13
16 29 10	9	♑	22	22 30	11	15
16 33 26	10	1	23	24 7	12	16
16 37 42	11	2	24	25 44	14	17
16 41 59	12	3	26	27 23	15	18
16 46 16	13	4	27	29 4	17	19
16 50 34	14	5	28	0♓45	18	20
16 54 52	15	6	29	2 27	20	22
16 59 10	16	7	♒	4 11	21	23
17 3 29	17	8	2	5 56	23	24
17 7 49	18	9	3	7 43	24	25
17 12 9	19	10	4	9 30	26	26
17 16 29	20	11	5	11 18	27	27
17 20 49	21	12	7	13 8	29	28
17 25 9	22	13	8	14 57	♉	♊
17 29 30	23	14	9	16 48	2	1
17 33 51	24	15	10	18 41	3	2
17 38 12	25	16	12	20 33	5	3
17 42 34	26	17	13	22 25	6	4
17 46 55	27	19	14	24 19	7	5
17 51 17	28	20	16	26 12	9	6
17 55 38	29	21	17	28 7	10	7
18 0 0	30	22	18	30 0	12	9

Sidereal Time.	10 ♑	11 ♑	12 ♒	Ascen ♈	2 ♉	3 ♊
H. M. S.	°	°	°	° '	°	°
18 0 0	0	22	18	0 0	12	9
18 4 22	1	23	20	1 53	13	10
18 8 43	2	24	21	3 48	14	11
18 13 5	3	25	23	5 41	16	12
18 17 26	4	26	24	7 35	17	13
18 21 48	5	27	25	9 27	18	14
18 26 9	6	28	27	11 19	20	15
18 30 30	7	29	28	13 12	21	16
18 34 51	8	♒	♓	15 3	22	17
18 39 11	9	2	1	16 52	23	18
18 43 31	10	3	3	18 42	25	19
18 47 51	11	4	4	20 30	26	20
18 52 11	12	5	5	22 17	27	21
18 56 31	13	6	7	24 4	29	22
19 0 50	14	7	9	25 49	♊	23
19 5 8	15	9	10	27 33	1	24
19 9 26	16	10	12	29 15	2	25
19 13 44	17	11	13	0♉56	3	26
19 18 1	18	12	15	2 37	4	27
19 22 18	19	13	16	4 16	6	28
19 26 34	20	14	18	5 53	7	29
19 30 50	21	16	19	7 30	8	♋
19 35 5	22	17	21	9 4	9	1
19 39 20	23	18	22	10 38	10	2
19 43 34	24	19	24	12 10	11	3
19 47 47	25	20	25	13 41	12	4
19 52 0	26	21	27	15 10	13	5
19 56 12	27	23	29	16 37	14	6
20 0 24	28	24	♈	18 4	15	7
20 4 35	29	25	2	19 29	16	8
20 8 45	30	26	3	20 52	17	9

Sidereal Time.	10 ♒	11 ♒	12 ♈	Ascen ♉	2 ♊	3 ♋
H. M. S.	°	°	°	° '	°	°
20 8 45	0	26	3	20 52	17	9
20 12 54	1	27	5	22 14	18	9
20 17 3	2	29	6	23 35	19	10
20 21 11	3	♓	8	24 55	20	11
20 25 19	4	1	9	26 14	21	12
20 29 26	5	2	11	27 32	22	13
20 33 31	6	3	12	28 46	23	14
20 37 37	7	5	14	0♊ 3	24	15
20 41 41	8	6	15	1 17	25	16
20 45 45	9	7	16	2 29	26	17
20 49 48	10	8	18	3 41	27	18
20 53 51	11	10	19	4 51	28	19
20 57 52	12	11	21	6 1	29	20
21 1 53	13	12	22	7 9	♋	20
21 5 53	14	13	24	8 16	1	21
21 9 53	15	14	25	9 23	2	22
21 13 52	16	16	26	10 30	3	23
21 17 50	17	17	28	11 33	4	24
21 21 47	18	18	29	12 37	5	25
21 25 44	19	19	♉	13 41	6	26
21 29 40	20	21	2	14 43	6	27
21 33 35	21	22	3	15 44	7	28
21 37 29	22	23	4	16 45	8	28
21 41 23	23	24	6	17 45	9	29
21 45 16	24	25	7	18 44	10	♌
21 49 9	25	27	8	19 42	11	1
21 53 1	26	28	9	20 40	12	2
21 56 52	27	29	11	21 37	12	3
22 0 43	28	♈	12	22 33	13	4
22 4 33	29	1	13	23 30	14	5
22 8 23	30	3	14	24 25	15	5

Sidereal Time.	10 ♓	11 ♈	12 ♉	Ascen ♊	2 ♋	3 ♌
H. M. S.	°	°	°	° '	°	°
22 8 23	0	3	14	24 25	15	5
22 12 12	1	4	15	25 19	16	6
22 16 0	2	5	17	26 14	17	7
22 19 48	3	6	18	27 8	17	8
22 23 35	4	7	19	28 0	18	9
22 27 22	5	8	20	28 53	19	10
22 31 8	6	10	21	29 46	20	11
22 34 54	7	11	22	0♋37	21	11
22 38 40	8	12	23	1 28	21	12
22 42 25	9	13	24	2 20	22	13
22 46 9	10	14	25	3 9	23	14
22 49 53	11	15	27	3 59	24	15
22 53 37	12	17	28	4 49	24	16
22 57 20	13	18	29	5 38	25	17
23 1 3	14	19	♊	6 27	26	17
23 4 46	15	20	1	7 17	27	18
23 8 28	16	21	2	8 3	28	19
23 12 10	17	22	3	8 52	28	20
23 15 52	18	23	4	9 40	29	21
23 19 34	19	24	5	10 28	♌	22
23 23 15	20	26	6	11 15	1	23
23 26 56	21	27	7	12 2	2	23
23 30 37	22	28	8	12 49	2	24
23 34 18	23	29	9	13 37	3	25
23 37 58	24	♉	10	14 22	4	26
23 41 39	25	1	11	15 8	5	27
23 45 19	26	2	12	15 53	5	28
23 49 0	27	3	12	16 41	6	29
23 52 40	28	4	13	17 23	7	29
23 56 20	29	5	14	18 8	8	♍
24 0 0	30	6	15	18 53	9	1

PROPORTIONAL LOGARITHMS FOR FINDING THE PLANETS' PLACES

Min	DEGREES OR HOURS																Min
	0	1	2	3	4	5	6	7	8	9	10	11	12	13	14	15	
0	3.1584	1.3802	1.0792	9031	7781	6812	6021	5351	4771	4260	3802	3388	3010	2663	2341	2041	**0**
1	3.1584	1.3730	1.0756	9007	7763	6798	6009	5341	4762	4252	3795	3382	3004	2657	2336	2036	**1**
2	2.8573	1.3660	1.0720	8983	7745	6784	5997	5330	4753	4244	3788	3375	2998	2652	2330	2032	**2**
3	2.6812	1.3590	1.0685	8959	7728	6769	5985	5320	4744	4236	3780	3368	2992	2646	2325	2027	**3**
4	2.5563	1.3522	1.0649	8935	7710	6755	5973	5310	4735	4228	3773	3362	2986	2640	2320	2022	**4**
5	2.4594	1.3454	1.0614	8912	7692	6741	5961	5300	4726	4220	3766	3355	2980	2635	2315	2017	**5**
6	2.3802	1.3388	1.0580	8888	7674	6726	5949	5289	4717	4212	3759	3349	2974	2629	2310	2012	**6**
7	2.3133	1.3323	1.0546	8865	7657	6712	5937	5279	4708	4204	3752	3342	2968	2624	2305	2008	**7**
8	2.2553	1.3258	1.0511	8842	7639	6698	5925	5269	4699	4196	3745	3336	2962	2618	2300	2003	**8**
9	2.2041	1.3195	1.0478	8819	7622	6684	5913	5259	4690	4188	3737	3329	2956	2613	2295	1998	**9**
10	2.1584	1.3133	1.0444	8796	7604	6670	5902	5249	4682	4180	3730	3323	2950	2607	2289	1993	**10**
11	2.1170	1.3071	1.0411	8773	7587	6656	5890	5239	4673	4172	3723	3316	2944	2602	2284	1988	**11**
12	2.0792	1.3010	1.0378	8751	7570	6642	5878	5229	4664	4164	3716	3310	2938	2596	2279	1984	**12**
13	2.0444	1.2950	1.0345	8728	7552	6628	5866	5219	4655	4156	3709	3303	2933	2591	2274	1979	**13**
14	2.0122	1.2891	1.0313	8706	7535	6614	5855	5209	4646	4148	3702	3297	2927	2585	2269	1974	**14**
15	1.9823	1.2833	1.0280	8683	7518	6600	5843	5199	4638	4141	3695	3291	2921	2580	2264	1969	**15**
16	1.9542	1.2775	1.0248	8661	7501	6587	5832	5189	4629	4133	3688	3284	2915	2574	2259	1965	**16**
17	1.9279	1.2719	1.0216	8639	7484	6573	5820	5179	4620	4125	3681	3278	2909	2569	2254	1960	**17**
18	1.9031	1.2663	1.0185	8617	7467	6559	5809	5169	4611	4117	3674	3271	2903	2564	2249	1955	**18**
19	1.8796	1.2607	1.0153	8595	7451	6546	5797	5159	4603	4109	3667	3265	2897	2558	2244	1950	**19**
20	1.8573	1.2553	1.0122	8573	7434	6532	5786	5149	4594	4102	3660	3258	2891	2553	2239	1946	**20**
21	1.8361	1.2499	1.0091	8552	7417	6519	5774	5139	4585	4094	3653	3252	2885	2547	2234	1941	**21**
22	1.8159	1.2445	1.0061	8530	7401	6505	5763	5129	4577	4086	3646	3246	2880	2542	2229	1936	**22**
23	1.7966	1.2393	1.0030	8509	7384	6492	5752	5120	4568	4079	3639	3239	2874	2536	2223	1932	**23**
24	1.7781	1.2341	1.0000	8487	7368	6478	5740	5110	4559	4071	3632	3233	2868	2531	2218	1927	**24**
25	1.7604	1.2289	0.9970	8466	7351	6465	5729	5100	4551	4063	3625	3227	2862	2526	2213	1922	**25**
26	1.7434	1.2239	0.9940	8445	7335	6451	5718	5090	4542	4055	3618	3220	2856	2520	2208	1917	**26**
27	1.7270	1.2188	0.9910	8424	7318	6438	5706	5081	4534	4048	3611	3214	2850	2515	2203	1913	**27**
28	1.7112	1.2139	0.9881	8403	7302	6425	5695	5071	4525	4040	3604	3208	2845	2509	2198	1908	**28**
29	1.6960	1.2090	0.9852	8382	7286	6412	5684	5061	4516	4032	3597	3201	2839	2504	2193	1903	**29**
30	1.6812	1.2041	0.9823	8361	7270	6398	5673	5051	4508	4025	3590	3195	2833	2499	2188	1899	**30**
31	1.6670	1.1993	0.9794	8341	7254	6385	5662	5042	4499	4017	3583	3189	2827	2493	2183	1894	**31**
32	1.6532	1.1946	0.9765	8320	7238	6372	5651	5032	4491	4010	3576	3183	2821	2488	2178	1889	**32**
33	1.6398	1.1899	0.9737	8300	7222	6359	5640	5023	4482	4002	3570	3176	2816	2483	2173	1885	**33**
34	1.6269	1.1852	0.9708	8279	7206	6346	5629	5013	4474	3994	3563	3170	2810	2477	2168	1880	**34**
35	1.6143	1.1806	0.9680	8259	7190	6333	5618	5003	4466	3987	3556	3164	2804	2472	2164	1875	**35**
36	1.6021	1.1761	0.9652	8239	7174	6320	5607	4994	4457	3979	3549	3157	2798	2467	2159	1871	**36**
37	1.5902	1.1716	0.9625	8219	7159	6307	5596	4984	4449	3972	3542	3151	2793	2461	2154	1866	**37**
38	1.5786	1.1671	0.9597	8199	7143	6294	5585	4975	4440	3964	3535	3145	2787	2456	2149	1862	**38**
39	1.5673	1.1627	0.9570	8179	7128	6282	5574	4965	4432	3957	3529	3139	2781	2451	2144	1857	**39**
40	1.5563	1.1584	0.9542	8159	7112	6269	5563	4956	4424	3949	3522	3133	2775	2445	2139	1852	**40**
41	1.5456	1.1540	0.9515	8140	7097	6256	5552	4947	4415	3942	3515	3126	2770	2440	2134	1848	**41**
42	1.5351	1.1498	0.9488	8120	7081	6243	5541	4937	4407	3934	3508	3120	2764	2435	2129	1843	**42**
43	1.5249	1.1455	0.9462	8101	7066	6231	5531	4928	4399	3927	3501	3114	2758	2430	2124	1838	**43**
44	1.5149	1.1413	0.9435	8081	7050	6218	5520	4918	4390	3919	3495	3108	2753	2424	2119	1834	**44**
45	1.5051	1.1372	0.9409	8062	7035	6205	5509	4909	4382	3912	3488	3102	2747	2419	2114	1829	**45**
46	1.4956	1.1331	0.9383	8043	7020	6193	5498	4900	4374	3905	3481	3096	2741	2414	2109	1825	**46**
47	1.4863	1.1290	0.9356	8023	7005	6180	5488	4890	4365	3897	3475	3089	2736	2409	2104	1820	**47**
48	1.4771	1.1249	0.9330	8004	6990	6168	5477	4881	4357	3890	3468	3083	2730	2403	2099	1816	**48**
49	1.4682	1.1209	0.9305	7985	6975	6155	5466	4872	4349	3882	3461	3077	2724	2398	2095	1811	**49**
50	1.4594	1.1170	0.9279	7966	6960	6143	5456	4863	4341	3875	3454	3071	2719	2393	2090	1806	**50**
51	1.4508	1.1130	0.9254	7947	6945	6131	5445	4853	4333	3868	3448	3065	2713	2388	2085	1802	**51**
52	1.4424	1.1091	0.9228	7929	6930	6118	5435	4844	4324	3860	3441	3059	2707	2382	2080	1797	**52**
53	1.4341	1.1053	0.9203	7910	6915	6106	5424	4835	4316	3853	3434	3053	2702	2377	2075	1793	**53**
54	1.4260	1.1015	0.9178	7891	6900	6094	5414	4826	4308	3846	3428	3047	2696	2372	2070	1788	**54**
55	1.4180	1.0977	0.9153	7873	6885	6081	5403	4817	4300	3838	3421	3041	2691	2367	2065	1784	**55**
56	1.4102	1.0939	0.9128	7854	6871	6069	5393	4808	4292	3831	3415	3034	2685	2362	2061	1779	**56**
57	1.4025	1.0902	0.9104	7836	6856	6057	5382	4798	4284	3824	3408	3028	2679	2356	2056	1774	**57**
58	1.3949	1.0865	0.9079	7818	6841	6045	5372	4789	4276	3817	3401	3022	2674	2351	2051	1770	**58**
59	1.3875	1.0828	0.9055	7800	6827	6033	5361	4780	4268	3809	3395	3016	2668	2346	2046	1765	**59**
	0	1	2	3	4	5	6	7	8	9	10	11	12	13	14	15	

RULE: – Add proportional log. of planet's daily motion to log. of time from noon, and the sum will be the log. of the motion required. Add this to planet's place at noon, if time be p.m., but subtract if a.m., and the sum will be planet's true place. If Retrograde, subtract for p.m., but add for a.m.

What is the Long. of ☽ March 6, 2012 at 2.15 p.m.?

☽'s daily motion – 14° 12′

Prop. Log. of 14° 12′	.2279
Prop. Log. of 2h. 15m.	1.0280
☽'s motion in 2h. 15m. = 1° 20′ or Log.	1.2559

☽'s Long. = 20° ♌ 54′ + 1°20′ = 22°14′

The Daily Motions of the Sun, Moon, Mercury, Venus and Mars will be found on pages 26 to 28.